THEATRE

Belles, riches, et célèbres...
Ou
Amours et Gloires

Pièce de Anca Visdei

Site : www.ancavisdei.com

PERSONNAGES

BETSY O'BREADY - Star d'Hollywood à moitié oubliée, richissime, habillée de façon extravagante.

Un hommage à Bette Davis.

ARLETTE DUVALL - Amie de longue date de Betsy, même âge qu'elle, ex-star à Hollywood également, un petit-grand faible pour les gigolos.

ALMA ATLAN - Docteur, n°1 de la gériatrie mondiale. Dirige une clinique de jeunesse (lire : un asile pour vieillards fortunés) à Palm Beach en Floride. Sa passion : collectionner les robes des grands couturiers.

MAUREEN KING - Chroniqueuse mondaine et échotière dans le journal local sur la vie des célébrités : « Amours et gloires ».

JAMES - L'inséparable valet-secrétaire-infirmier et souffre-douleur de Betsy O'Bready. D'une vingtaine d'années son cadet.

AMAURY DE LAROSIÈRE D'HUSSON - Jeune gigolo de bonne famille. Mèches blondes en bataille, beaux biceps et sourire éclatant.

Palm Beach en FLORIDE. Cimetière d'éléphants luxueux et discret. Un terrain de golf, un palace, une plage, un autre terrain de golf, un autre palace, une autre plage et ainsi de suite... De temps à autre un cyclone. L'hiver y est l'été ; l'été y est la morte-saison... et la saison de la mort : trop chaud, trop humide... Les serveurs des restaurants, les maîtres-nageurs, les chauffeurs vous diront combien de rentiers leur claquent dans les bras, les piscines et les limousines par saison.

Chaque palace est équipé d'un hall de marbre à lustres de cristal, de plusieurs salles de bal et d'une vaste infirmerie... Limousines, palmiers, gigolos et patios à fontaines, tarabiscotés à outrance dans un style qui se croit italo-espagnol. Les villégiaturistes dans la soixantaine font figure de teen-agers. Les autres...

Dans la clinique de jeunesse de la doctoresse Atlan, n°1 de la gériatrie mondiale, quelques vieilles stars d'Hollywood, quelques armateurs et autant de fondateurs de compagnies pétrolières, se laissent gaver de pollen et d'hormones pour retomber en jeunesse...

ACTE I

La plage de la clinique de jeunesse du Dr. Atlan. Trois parasols ; éventuellement. Trois fauteuils transats. Deux sont occupés. Par Betsy O'Bready dans un ahurissant costume-de-bain- robe-de-soirée (maillot brodé de palmiers pailletés or et argent, volanté de partout pour cacher sa peau fripée, bibi du même tissu sur la tête, épaisse voilette noire couvrant le visage, gants noirs jusqu'au coude) et par Arlette Duvall (plus décente et moins excentrique) ; habillée pour le golf en short blanc, tee-shirt fuchsia et chaussures de golf bicolores ;

elle porte des lunettes noires. Les deux femmes ont la même coiffure, la première sur des cheveux teints en noir jais, la seconde sur des cheveux teints blond doré. Comme elles ont toutes les deux autour des quatre-vingts ans... tout porte à croire qu'elles ont également les mêmes perruques.

BETSY O'BREADY : (désignant d'invisibles golfeurs à Arlette). C'est à vous, le grand phoque obèse là-bas qui change de club pour la dixième fois sans avoir encore osé toucher la balle ?

ARLETTE : (enlève ses lunettes noires, cherche dans son sac ses lunettes de vue, les chausse). Le manchot ?

BETSY O'BREADY : Mais non ! La baleine, je te dis. Tu deviens gâteuse, ma pauvre Arlette !

ARLETTE : Et toi, toujours aussi aimable, ma riche Betsy. Quant à l'éléphant dont tu me parles, il est à Lucrèce Broomfield. (remet ses lunettes de soleil). À le voir, cela paraît incroyable, mais il a fait fortune dans les produits amaigrissants. Les dessous qui font fondre la cellulite par frottement, c'est lui. Fallait y penser !

BETSY : Oh non ! Quelqu'un qui est capable de penser n'aurait jamais pu imaginer des dessous qui font « fondre » la cellulite. Ni en acheter d'ailleurs... C'est donc le vieil héron fripé, plié en deux par son mal de dos, les doigts déformés par les rhumatismes, qui est à toi ?

ARLETTE : (même manège que tout à l'heure avec ses lunettes). Tiens ! Celui-là, je ne le connaissais même pas...

Mon intuition féminine me dit pourtant qu'il y a un demi-siècle, c'était un mâle... Et arrête de me faire enlever tout le temps mes lunettes de soleil... !

BETSY : (insinuante) C'est mauvais pour ton lifting, hein ?

ARLETTE : C'est de ma faute, d'ailleurs. Tu m'as toujours fait marcher. Je prends toujours au sérieux tout ce que tu dis. On parle, on parle, et j'oublie que mon dernier légitime est mort depuis dix ans... Après trois tentatives pour m'assassiner, c'est lui qui a claqué. Ah, les hommes, des girouettes, aucune suite dans les idées !....

BETSY : Que veux-tu ? Le sexe faible. Peu de cervelle, presque pas de sentiment, et aucune logique. Cela se laisse gouverner par son ventre et ses couilles : un vrai désastre... Et c'est même pas bâti solide : ça meurt jeune : quatre-vingts ans au grand maximum, et encore ! À cet âge, le plus intéressant est hors d'usage. Même lifté....

ARLETTE : (brusque) Oublie mon lifting, veux-tu ? D'ailleurs, je

n'en ai pas... C'est une calomnie que colporte ce lamentable journal à scandale, « Amours et Gloires », sous la plume de cette ordure de Maureen King. Remarque : je ne suis pas opposée au principe. Vers soixante ans, je ne dis pas que je cracherai sur un lifting. Mais jusque là....

BETSY : Jusque là....c'était il y a vingt ans.

ARLETTE : (sans avoir écouté). Ah, cette vipère de Maureen

King ! Trente ans qu'elle me calomnie dans sa feuille de chou minable ! Et elle ose parler de mon lifting, elle qui en est à son troisième !?

BETSY : .....Qui restera aussi son dernier.ARLETTE : (très intéressée) Ah ?BETSY : (mystérieusement) Ooooh, oui !ARLETTE : (pleine d'espoir) Elle est morte... enfin ?

BETSY : Pire... pour elle : beaucoup pire...ARLETTE : (cherche vainement) Je ne vois vraiment pas !

BETSY : (insinuante) Elle n'aura plus les moyens de s'offrir ni un lifting, ni une soirée de gala, ni même une permanente chez son coiffeur habituel....

ARLETTE : (n'osant pas y croire) Elle s'est faite mettre à la porte de « Amours et Gloires » ?`

BETSY : (acquiesçant de la tête)... Il y a une semaine ; personne ne le sait. Elle traîne encore par ici, mais bientôt il ne lui restera plus qu'à se retirer dans un asile de vieillards.

ARLETTE : (au comble de la joie) C'est vrai, vraiment vrai ? BETSY : Vrai de vrai. D'ailleurs, vingt-deux, la voilà qui approche...

ARLETTE : Oh, Betsy, tu es merveilleuse ! Tu vas voir comme je vais lui payer ses dettes !

BETSY : (pleine de douceur) Arlette, on ne tire pas sur une ambulance, voyons ! Ne soit pas méchante avec elle (entre ses dents) ! Attends au moins qu'on soit en public pour lui régler ses comptes !

ARLETTE : (folle de joie) Oui, oui, tu as raison... Comme toujours.

MAUREEN KING : (arrivant sur la plage, dans un ensemble pantalon fluorescent) Bonjour Arlette, bonjour Betsy...

BETSY ET ARLETTE : ....jour.

MAUREEN : Je peux m'asseoir à côté de vous ? Je suis fourbue. J'ai dû interviewer John Barrymore IV. Il n'avait que sa demi-heure de jogging à m'accorder. Alors, j'ai couru à côté de lui, tout en prenant des notes....

ARLETTE : (inquiète) Une interview ?

BETSY : (insinuante, clin d'œil à Arlette ; à Maureen :) Comme ça donc, une interview ?

MAUREEN : (piquée au vif) Eh oui, une interview ! Qu'y a-t-il de si extraordinaire ? Cela fait trente ans que j'en fais. À tel point que j'en ai parfois assez !

BETSY : (encore plus insinuante).... Une sorte d'envie de faire autre chose !

MAUREEN : Exactement....BETSY : .... de sortir de la routine journalistique.

MAUREEN : ... En effet.BETSY : À soixante-dix ans passés ?

MAUREEN : Vous êtes d'une indiscrétion, ma chère Betsy

!.... BETSY : Voyons, nous sommes entre nous !...toutes les trois nées

avec le siècle...ARLETTE : Pas moi !MAUREEN : (aussitôt) Pas moi !

BETSY : Il faut donc en déduire que, plus rapide que vous, j'ai déjà atteint mes soixante-dix ans, alors que vous, vous vous êtes arrêtées à soixante ?

MAUREEN : (flatteuse) Ah, ma chère Betsy, toujours ce formidable humour ! Dire que ces répliques se perdent ! Il vous faut une plume fidèle pour transmettre à la postérité ces trésors !

ARLETTE : Une plume fielleuse, oui....

MAUREEN : (à Betsy) Avez-vous réfléchi à ma proposition de vous aider à écrire vos mémoires ?

BETSY : L'unique fois de la vie où j'ai eu besoin qu'on m'aide, ce fut en mettant au monde ma fille, Pam. Là, réellement, j'ai eu besoin que quelqu'un emmaillote et baigne l'enfant, le temps que je récupère : dix minutes. J'en ai conclu qu'on est toujours si mal aidé... que je n'ai pas fait d'autre enfants...

MAUREEN : (enthousiasmée) Quel humour, quelle indépendance ! Ah Betsy, je ne peux pas me faire à l'idée que tout cela sera oublié un jour... Faisons-le, ce livre. Pensez à vos admirateurs !...

BETSY : (changeant complètement de ton) J'y pense, j'y

pense sans arrêt à ces pauvres orphelins ! La vérité, ma petite Maureen, est que je n'ose pas vous dire oui, parce que je sais à quel point vous êtes occupée : tant de galas, de cocktails, d'inaugurations, de défilés, de vernissages, tant d'interviews, de célébrités !....

MAUREEN : (sautant sur l'occasion) Cela n'a aucune importance. Je me libérerai pour vous... Quand vous voulez, dès que vous le voulez.

BETSY : Vraiment ! (clin d'œil à Arlette) Vous savez, je suis pressée ! Je suis si malade !... Je voudrais commencer au plus vite !

MAUREEN : (empressée) Demain, aujourd'hui si vous voulez !

BETSY : Je n'ose pas... Il vous faudra refuser tant d'invitations importantes, décommander tant de rendez-vous !

MAUREEN : Je m'arrangerai, je m'arrangerai....

ARLETTE : Oh, Maureen, vous ne nous avez pas habituées à une telle disponibilité !

BETSY : (mécontente à Arlette) Tsst... tsst...Tsst ! Vous vous êtes toujours détestées, mais, Arlette, un peu d'égards ! Il s'agit désormais de ma biographie...

MAUREEN : (ravie) A votre service, Betsy.

BETSY : Dites, Maureen, vous avez un splendide pyjama...

MAUREEN : Oui... c'est un pyjama de plage, un modèle unique que Alston Ralston a créé pour moi...

BETSY : Ben, dites donc, ils doivent vous payer des fortunes à «Amours et Gloires » si vous pouvez vous habiller chez Alston Ralston !

MAUREEN : Oh, je n'achète jamais mes robes. On me les offre...

BETSY : Et, en échange, vous parlez des grands couturiers dans vos articles ?

MAUREEN : (se prenant au jeu) A peine : ils sont si peu exigeants ! Ils ne demandent même pas un article entier. Ils se contentent le plus souvent d'une légende en bas des photos, rappelant quelles célébrités portent leurs robes...

BETSY : Je vois... Et, bien sûr, vous êtes invitées à tous les bals, à tous les cocktails, vous êtes aux premières loges pour savoir qui porte quoi ?

MAUREEN : Je suis invitée partout. Sans compter mes relations privées. Je passe toujours quelques jours dans les châteaux ou sur les bateaux des gens dont je parle et qui, à la longue, sont devenus des amis.

ARLETTE : (pour elle-même) Des amis, tu parles ?! Ils l'invitent de peur qu'elle en dise du mal dans ses articles. Et voilà pourquoi « Amours et Gloires », depuis trente ans, m'insulte : je n'ai jamais invité cette pique-assiette professionnelle à ma table. Même pas dans la cuisine avec les domestiques...

BETSY : Je ne sais pas si vous vous rendez compte, ma petite Maureen, mais au fond, vous menez une existence de rêve.

MAUREEN : (évasive) Oh !

BETSY : Mais si, mais si ! Vous vivez dans les meilleurs hôtels, invitée partout, vous volez de cocktails en réceptions, les grand couturiers vous offrent vos robes, les restaurateurs vos repas... C'est magnifique, non ? Et très dangereux.

MAUREEN : Dangereux ?!

BETSY : Bien sûr : voilà trente ans que vous vivez comme une reine. Avec un salaire de petite rédactrice. Pourquoi ? Parce que vous avez le pouvoir de faire et défaire des réputations. Grâce à votre plume incomparable, cela s'entend, mais aussi grâce à son support ; « Amours et Gloires ». Mais, supposez qu'un jour votre baguette de fée se casse, que votre journal disparaisse dans un cataclysme, ou que, pure supposition, dans une crise de folie, votre rédacteur en chef vous licencie... Plus de baguette de fée, plus de pourvoir. Supprimer votre chronique mondaine, c'est supprimer du même coup vos amis, vos robes, vos invitations !

ARLETTE : (comprenant le jeu) Oh, ce serait fâcheux, très fâcheux ! Surtout quand on s'y est habitué !... Et qu'on ne sait rien faire !

MAUREEN : (aux abois) Quelqu'un a parlé, vous avez parlé aux gens de « Amours et Gloires » ?

BETSY : Mais, voyons, Maureen, qu'est-ce qui vous prend ? « Amours et Gloires », c'est vous...

MAUREEN : (se reprenant) C'est vrai.

BETSY :(changeant de ton) Tenez, voilà trente ans que vous connaissez par cœur notre vie privée, que vous la livrez – et avec quelle ténacité !- au public, mais la vôtre, on n'en sait rien, petite cachottière ! Échotière : cachottière ! Hi !Hi ! Ce ne serait pas à vous, par hasard, le grand bouledogue bouffi, là-bas ?

MAUREEN : (sombre) Non ! J'ai toujours vécu seule. Pour pouvoir me consacrer entièrement à mon art.

ARLETTE : Ha ! Le journalisme mondain, un art ?! Plutôt un sport : la chasse à l'homme !

BETSY : Au scoop, la chasse au scoop, ma chère. Si un être humain se trouve malencontreusement dans la fenêtre de tir du scoop, eh bien : tant pis pour l'être humain... À propos, il serait pas à toi le bouledogue bouffi ?

ARLETTE : (fière) Non, ma grande, le mien c'est le beau blond qui

arrive. Vingt-cinq printemps, et marquis avec ça : Amaury de la Rosière d'Husson. Vous ne prenez pas de notes, Maureen ?

MAUREEN : J'ai toujours respecté la vie privée des

célébrités.

ARLETTE : Pas vrai ? Je croyais que c'était vous qui aviez lancé le bruit que je payais des gigolos ?

BETSY : Cela me rappelle quelque chose : ne serait-ce pas elle, Arlette, qui a suggéré que moi et toi, nous couchions ensemble ? (Arlette fait oui de la tête)

MAUREEN : Inévitables coquilles, fautes d'impression, chapeaux abusifs de la rédaction, légendes erronées au bas d'une photo... cela peut arriver à tout le monde.

AMAURY : (entrant en scène ; gigolo presque caricatural) Oh, Betsy, quel plaisir ! (il lui fait le baisemain) Voici l'hommage d'un grand, fervent et sincère admirateur (tourne le dos à Maureen).

ARLETTE : Tu t'es bien amusé, mon loup ?

AMAURY : Moyen ! Le golf avec Barrymore : ennuyeux, très ennuyeux, et sa vieille femme qui me faisait des avances. Dégoûtant ! Elle possède à peine deux millions et elle croit pouvoir s'offrir le bel étalon que je suis ! Je ne suis pas à vendre. Enfin : pas à ce prix-là ...

ARLETTE : Et que vas-tu faire, (ton coquin, œillade à Maureen) en

attendant la nuit et nos petites grandes folies ?AMAURY : (jetant un regard vers Maureen) Je peux parler ?

ARLETTE : Oh, oui, tu peux, Maureen est une amie de

Betsy... maintenant !

AMAURY : (regardant le bout de ses chaussures de golf) Je ferais bien un tour au casino, mais... je me suis fais plumer hier...

ARLETTE : Mon pauvre grand, mais je vais te faire tout de suite un chèque !...(sort de son sac son carnet de chèques) Combien ? Mille, deux mille ?

AMAURY : Deux mille ?! C'est bien, c'est formidable. Laisse-moi t'embrasser, ma petite Arlette polissonne et généreuse. (geste vers elle)

ARLETTE : (clin d'œil) Va t'asseoir là ! (désignant le transat où Maureen s'est installée) Maureen, vous occupez la chaise longue d'Amaury. À bientôt, ma chère, et n'oubliez pas d'écrire dans« Amours et Gloires » le montant du chèque: deux mille dollars. Il y a de quoi susciter des vocations chez les hésitants...

AMAURY : (se prend au jeu, à Maureen) Faut pas croire, c'est pas tous les jours dimanche.

MAUREEN : (Vexée) Je m'en vais : je ne veux pas épier davantage votre vie privée. (sort)

BETSY : Économise-la. Laissez-en aussi pour demain.

ARLETTE : Trente ans qu'elle me torture, trente ans... Tu imagines ?... Bon : chose promise, chose due... Je vais faire un chèque de deux mille dollars . Pour trente ans, c'est encore donné.

AMAURY : J'ai comme l'impression de ne pas avoir tout à fait compris...

BETSY : C'est pas grave, mon joli. Tu es blond, tu es jeune, tu es fort. Où irait-on, si en plus, tu comprenais ?... La perfection n'a jamais été l'apanage du genre masculin.

ARLETTE : (finissant de signer son chèque, lunettes de vue sur le nez) Tu as beau parler, toi qui a James !

BETSY : James ?!

ARLETTE : Ben, oui, c'est la perfection même... Et une de ces patiences ! Il te supporte. C'est tout dire...

BETSY : (souriant) Et depuis cinquante ans. C'est drôle, non ? (avisant encore quelque chose au loin) Dites-moi, mon bel Amaury, ce ne serait pas à vous, la jeune grosse mamie là, sur le court ? Celle qui a des pansements partout ?

AMAURY : Non, malheureusement ! C'est la princesse Ibn Séoud.

La troisième fortune du monde. Elle est venue ici pour se faire refaire le visage.

ARLETTE : Quelle horreur !... (donnant son chèque à Amaury) C'est déjà ça... en attendant la troisième fortune du monde.

AMAURY : Merci, ma tendre petite ! (baiser professionnel)

ARLETTE : (ramassant son sac) Je vais t'accompagner, j'ai envie de me mettre à l'ombre. Avec cette chaleur ! Tu viens

Betsy ?

BETSY : Pas la peine ! Je préfère contempler la troisième fortune du monde. Quelque chose me dit que, d'un instant à l'autre, elle se mettra à brouter. Je ne veux pas rater un tel scoop, je veux le communiquer à notre chère Maureen...

ARLETTE : ... pour qu'elle se la mette là où je pense.

BETSY : (désignant Amaury) Arlette, les enfants écoutent !

ARLETTE : Ciao, Betsy, à demain soir ; au bal.

BETSY : C'est ça, à demain soir... (après un moment :) James !... (avec impatience) James, ici !

JAMES : (apparaît, le visage d'un souffre-douleur résigné ; habillé d'un smoking et chaussé de souliers vernis noirs, il s'éponge le front avec un mouchoir blanc) Madame m'a appelé !?

BETSY O'BREADY : La température d'aujourd'hui, James ? En Celsius, cela s'entend....

JAMES : (avec un long soupir) Trente-huit à l'ombre, Madame.

BETSY O 'BREADY : (satisfaction enfantine) Très bien, James, très bien. Venez devant moi que je regarde si vous êtes correctement habillé. Je ne peux pas me tourner : ma nuque est coincée après ce maudit accident de voiture, vous le savez bien...

JAMES : (soupir de désespoir) Me voilà, Madame...

BETSY O'BREADY : La chemise à plastron, hum... la veste de smoking, hum. Montrez-moi vos chaussures, James, hum. Les chaussettes moires, hum... hum... C'est bien, c'est bien : plus il fait chaud, plus il faut se montrer correctement vêtu. Je n'aime pas ces traces de poussière sur vos chaussures vernies, James, je n'aime pas ce laisser-aller, vous le savez bien...

JAMES : C'est qu'il est difficile, Madame, de garder des chaussures noires vernies impeccables en marchant dans le sable de la plage.

BETSY O'BREADY : Je ne veux rien savoir, James. Débrouillez-vous. Et ce mouchoir, caché dans votre main, vous croyez que je ne le vois pas ?

JAMES : C'est pour vous faire plaisir, Madame.

BETSY O'BREADY : Je ne vous demande pas de me faire plaisir. Je vous demande juste de me servir correctement.

JAMES : Justement, Madame : vous m'avez dit que vous aviez horreur de la moindre goutte de sueur. Alors, vous comprenez, trente-huit à l'hombre, l'obligation de porter le smoking, il n'y a plus qu'une solution à cette quadrature du cercle : un mouchoir toujours à portée de main. D'ailleurs, je n'en ai pas qu'un. J'en ai six : un dans chaque poche. En Floride, à peine on s'éponge le front que votre mouchoir est bon à essorer.

BETSY O'BREADY : (n'écoutant que ce qui l'arrange)« L'obligation » de porter un smoking, voyez-vous ça ?! À vous entendre, on dirait que je vous demande la lune. Vous ne voulez tout de même pas me servir en caleçon de bain et espadrilles ?! On vous prendrait pour un gigolo ! Surtout qu'il n'y a que ça ici !

JAMES : (fausse modestie pour cacher qu'il est flatté par cette possible confusion) Mon âge me met à l'abri de ce genre de méprise, Madame...

BETSY O'BREADY : (vexée) Votre âge, votre âge ! Vous êtes en train de faire valoir vos droits à la retraite ou quoi ? N'oubliez jamais, avant de faire des allusions stupides à votre âge que vous êtes mon cadet de vingt petites années, hein ?

JAMES : (s'épongeant le front aussi discrètement que possible) Je tâcherai de ne plus l'oublier, Madame !

BETSY O'BREADY : Insolent ! Oubliez-le tout de suite !... Et cessez de vous éponger. C'est agaçant à la fin !...

JAMES : C'est que... je transpire, Madame, pardonnez-moi de vous parler d'une chose aussi intime. Trente-huit à l'hombre, même en voulant plus que tout au monde vous être agréable.

BETSY O'BREADY : Cessez de suer alors ! (sarcastique) Si vous voulez à tout prix m'être agréable.

JAMES : (résigné) J'essayerai, Madame !

BETSY O'BREADY : (tapant du pied comme une enfant gâtée) Je ne vous demande pas d'essayer. Je vous demande de réussir !

JAMES : Bien, Madame !

BETSY O'BREADY : Vous vous fichez de moi, hein ? Vous croyez que je ne vois pas que vous êtes justement en train de suer à grosses gouttes, rien que pour me faire enrager ?

JAMES : (tendu) Je vous assure que c'est bien malgré moi, Madame...

BETSY O'BREADY : Allez, je ne vous en veux pas, vieille bête. C'est la chaleur qui me rend odieuse. Allez me chercher le livre !

JAMES : Bien, Madame. (il s'en va)BETSY O'BREADY : (le singeant) Bien, Madame, oui, Madame. Et

ça s'appelle de la compagnie, phouah ! Si ce n'est pas triste d'en arriver là ! S'échiner toute une vie pour mettre quelques milliards de côté, soi-disant pour avoir une belle vieillesse, et être réduite à passer ses journées avec un perroquet qui répète vos deux derniers mots suivis d'un « Madame » béat !

JAMES : (revenant avec un gros cahier aux couvertures en maroquin doré). Madame ne voudrait-elle pas se mettre à l'ombre pour dicter ?

BETSY O'BREADY : Quelle idée !? Je suis très bien ici. Pas vous ?

JAMES : Oui, Madame. Bien que... si Madame voulait bien m'autoriser à tomber la veste, je serai...

BETSY O'BREADY : (lui coupant la parole) Tombez qui

vous voulez, James, mais pas la veste. Si vous voulez à tout prix avoir l'air d'un garçon de café, vous n'avez qu'à me donner vos huit jours. Betsy O'Bready vivante, vous servirez en smoking, chaussettes noires et chaussures vernies.

JAMES : Bien, Madame. (sifflant, pour lui-même) Vieille vipère !

BETSY O'BREADY : (tendant l'oreille) Pardon ? Je suis sourde d'une oreille depuis mon opération, vous le servez bien... Répétez ce que vous venez de dire.

JAMES : J'ai dit : bien, Madame !

BETSY O'BREADY : Puisque vous suez comme un éléphant, James, tâchez d'en avoir aussi la mémoire. Vous avez dit « Vieillevipère » et non pas « Bien Madame ».

JAMES : Excusez-moi, Madame : j'oubliais que Madame n'est sourde que lorsqu'elle en a envie.

BETSY O'BREADY : (contente d'elle-même, se tournant vers James) Vous vous en êtes aperçu, hein ? Aaaaarh ! Inconscient, je ne devais pas me tourner : ma pauvre nuque. Je vous ai toujours dit de vous mettre devant moi quand vous me parlez, non ? Massez-moi !

JAMES : (obéissant à son ordre) Volontiers, Madame.

BETSY O'BREADY : Hé, doucement ! Je vous vois venir ! N'en profitez pas pour vous venger de moi. (Minaude avec un talent d'autant plus étonnant qu'elle sait être terriblement arrogante). Un beau gars solide comme vous, torturer une petite vieille infirme, ce serait très méchant !...

JAMES : (plein d'envie) Oh, oui, alors... très-très méchant.

BETSY O'BREADY : Ça va, ça va ! Je n'ai plus besoin de votre massage : ma nuque va très bien.

JAMES : Madame aurait tort de se priver de la satisfaction d'être infirme uniquement quand ça l'arrange...

BETSY O'BREADY : (spontanée) N'est-ce pas ? (dégoûtée) Ce que vous pouvez suer, James ! C'est dégoûtant !... Tenez, heureusement que je suis là. Pour transformer vos excrétions malodorantes en pensées éternelles. Notez : « La sueur des pauvres... »

JAMES : (après avoir noté dans le cahier aux couvertures dorées) : La sueur des pauvres, Madame ?

BETSY O'BREADY : (cherchant son inspiration) Laissez-moi réfléchir, on dirait que vous êtes payé à l'heure... Mettez-vous là, non là-bas, complètement sous le soleil que je vous voie un peu suer. Cela va m'inspirer.

JAMES : Est-ce que je sue suffisamment pour inspirer Madame ? Sinon, je peux aller chercher mon manteau d'hiver ?

BETSY O'BREADY : (ravie) Allez-y ! Cela vous apprendra à faire le malin.

JAMES : (se dégonflant aussitôt) Vous y tenez vraiment, Madame ? Ce n'était qu'une innocente plaisanterie... Je prie

Madame de m'excuser.

BETSY O'BREADY : (au comble de la joie) Allez-y, James ! Et prenez, s'il vous plaît, le manteau doublé de fourrure que je vous ai offert au Canada. (fausse candeur) J'aime tellement vous le voir porter...

JAMES : J'avertis, Madame, que s'il m'arrivait de mourir à son

service...

BETSY O'BREADY : (ravie) Oh, oui, oui ! Je saurai l'apprécier, James, je vous le jure... et je vous le pardonnerai. Je suis indulgente quand les gens font de leur mieux, vous le savez bien... et je couvrirai votre tombe de fleurs. Ce sont les arums blancs que vous préférez, n'est-ce pas ?

JAMES : Je les déteste....

BETSY O'BREADY : Vous les aurez, mon brave, vous les aurez tous les jours, vos arums blancs. Mais il faut les mériter (les mains jointes comme pour l'implorer) Allez chercher votre beau manteau fourré, James !... et laissez-moi le livre...

JAMES : (haineux) C'est un cahier, Madame... (sort)

BETSY O'BREADY : Un livre, un grand livre, le plus grand des livres. Des recettes de vie. Moi, Betsy O'Bready, la star d'Hollywood, veuve trois fois et divorcée quatre, millionnaire pour cause d'héritage et milliardaire pour cause de pensions alimentaires, j'ai décidé, dans ma grande générosité, de livrer au monde les recettes pour devenir riche, belle, aimée, veuve... Des pensées, des aphorismes, tout le savoir de mes quatre-vingts ans résumés en quelques pensées. Ce cahier est un livre. À peine rempli, les éditeurs se battront dessus. Le public, mon public ne m'a jamais oubliée. Les jeunes me découvrent... et m'adorent. Je ne vais tout de même pas devenir la proie des journalistes en mal de notoriété qui me proposent d'écrire ma vie ! Hum ?? L'écrire à ma place. Comme si j'étais analphabète. Sont-ils culottés !? Je ferai toute seule mon livre de maximes... Voilà (se met à écrire) « La

sueur »... Zut ! Je n'y arrive pas. Cette saloperie de vieille main qui

---

tremble ! (regardant le ciel) Comme tu es injuste, injuste... J'avais une écriture élégante et nette comme une broderie. Et aujourd'hui, je peux à peine signer un chèque ! D'une ligne enjolivée d'une boucle. Jadis , j'étais sans le sou, mais tout un chacun admirait mes petites mains douces et précises comme de petits outils de bijoutier. Aujourd'hui, je paye deux médecins et trois kinés pour me débarrasser de ce tremblement humiliant... et rien. À l'institut de beauté, la petite manucure croit que je la persécute. Elle s'occupe de mes ongles, assise seulement au bout de ses fesses, prête à tout moment à lâcher ses instruments pour ne pas me couper. Elle attrape chaque doigt au vol pour peindre l'ongle. Elle efface ensuite les bavures pendant des heures. Elle croit que je lui en veux : parce que je l'engueule... C'est à toi que j'en veux, vieillesse injuste, et à moi dont les mains tremblent... chaque jour davantage. De si belles mains jadis... Deux choses mortes et tremblantes, flottant dans leurs sacs de peau fripée et tachée. Ces taches, enfin ; taches de vieillesse fleurs de cimetière. C'est tout de même incroyable ! Trois mille ans de médecine pour en arriver là ! Il y a la péridurale, le scanner et les antibiotiques, d'accord. (avec mépris) Mais on est toujours incapable de vous effacer ces vilaines petites taches brunes ! On croit vous consoler en vous disant : elles sont bénignes... Bé-nignes ! Et si, moi je trouve qu'elles sont tout à fait malignes pour le moral ? Bé-nignes !? Non mais... ! De qui se fout-on ?

DOCTEUR ATLAN : (femme d'une soixantaine d'années, en blouse blanche décolletée et sans manches, en sandales de tissus blanc, un carnet à la main). On essaye de laver les taches de sang de ses mains, Lady Betsy ?

BETSY O'BREADY : Oh, Doctoresse Atlan et Missis Hyde, je pensais justement à vous...

DR ATLAN : Dans ce cas, pouvons-nous nous asseoir toutes les

deux à côté de vous un instant ?

BETSY O'BREADY : Ce sera une grande joie et une occasion inespérée de vous arracher une consultation gratuite...

DR ATLAN : Inutile de vous dire de ne pas vous gêner.
BETSY O'BREADY : Inutile !

DR ATLAN : Vous êtes magnifique ! Si directe, si égoïste,

que c'en est tonique. J'ai presque des scrupules à vous rappeler que vous êtes invitée gracieusement dans ma clinique de rajeunissement. Comme vous me l'avez si justement fait remarquer lors de notre première rencontre, votre seule présence ici, votre notoriété, votre proverbiale intransigeance constituent la meilleure réclame pour ma cure. Désolée donc de vous enlever cette illusion : vous ne pouvez pas m'arracher de consultation gratuite puisque nos relations reposent sur cet arrangement : toutes vos consultations sont gratuites.

BETSY O'BREADY : (piquée) Votre générosité vous fait honneur...

DR ATLAN : Sagesse ! Ce n'est que de la sagesse... Le moyen de vous arracher l'argent que vous devez... Je sais trop bien que vous avez fait mordre la poussière à quatre ex-maris dont chacun payait une équipe de juristes pour défendre ses intérêts... Je crois qu'ils ont fini par figurer dans le livre des records : les plus grosses pensions alimentaires jamais versées... Premier : votre dernier mari ; second l'avant-dernier : troisième l'anté-pénultième.

BETSY O'BREADY : (modeste) On améliore sa technique avec l'âge... Je dois cependant avouer que la quatrième position, ce n'est pas un de mes maris...

DR ATLAN : (perplexe) Non ?!

BETSY O'BREADY : Non ! C'est Jacky Richmond, la veuve du Président...

DR ATLAN : Cette femme si timide, si bien élevée...

BETSY O'BREADY : Elle-même ! (réalisant ce qu'elle vient d'entendre) Vous connaissez Jacky Richmond ? Elle fréquente votre clinique ?

DR ATLAN : (geste de reproche) Je n'aime pas les petites filles trop curieuses ! Je me drape donc pudiquement dans mon secret professionnel...

BETSY O'BREADY : Oh, si, dites-le moi ! Dites-le moi !

DR ATLAN : Surtout pas à vous. Vous êtes une vraie pipelette. Et en plus, vous avez une bonne raison d'en vouloir à Jacky Richmond.

BETSY O'BREADY : Vous plaisantez !? Elle a 10 milliards de moins que moi !

DR ATLAN : Et quarante ans de moins ! Plus un ex-mari grâce auquel elle vous a chipé le quatrième rang dans les records des pensions alimentaires...

BETSY O'BREADY : M'enfin, Docteur Atlan. Pour qui me prenez- vous ? Je ne suis pas une petite femme timorée et jalouse ? Et d'abord, il n'y a que les trois premières places qui sont citées dans le livre des records. Mon honneur est sauf. Si je vous ai parlé de la performance de cette petite Richmond – car vous êtes d'accord, c'est moi qui vous ai mise au courant – ce n'est que pour la rehausser à vos yeux. Car je l'aime beaucoup : cette petite promet.

DR ATLAN : Il est vrai que vous prenez parfois en affection

désintéressée des jeunes femmes. C'est étonnant, mais cela vous arrive.

BETSY O'BREADY : Vous êtes bien placée pour le savoir ! Vous étiez une adorable jeune doctoresse sans le sou quand vous avez ouvert votre boutique...

DR ATLAN :... Ma clinique ! Cela s'appelle une clinique de jeunesse,

BETSY O'BREADY : Un mouroir, oui... Un mouroir de nababs, un cimetière d'éléphants, voilà ce que c'est.

DR ATLAN : Psst ! Parlez moins fort ! Vous savez combien nos pensionnaires ont le moral fragile...

BETSY O'BREADY : Reste que mouroir, clinique ou boutique, je

vous y ai fait venir le tout Hollywood, sans compter la grande finance et les armateurs, tous amis de mes ex. Avant cette affluence providentielle, votre projet de lifter les grandes fortunes dans un Palm Beach ringard et partiellement infesté de marais grouillants d'alligators semblait plutôt voué à l'échec. Admettez !

DR ATLAN : J'admets. Mais avouez aussi que je me suis toujours occupée de vous en priorité et sans vous demander un dollar. À propos, le pollen d'orchidée que je vous ai prescrit, vous le prenez régulièrement ?

BETSY O'BREADY : Non, jamais : il pue.

DR ATLAN : Bravo ! Vous avez raison : je viens de recevoir les résultats des tests, ce produit ne sert à rien.

BETSY O'BREADY : Vous allez le supprimer, alors ?

DR ATLAN : Pensez-vous ?! Déjà dix de mes pensionnaires se sentent rajeunir depuis qu'elles le prennent. Je vais simplement remplacer dans les gélules le pollen d'orchidée par de la fleur de camomille séchée. C'est la même couleur et, en aromatisant un peu, même le parfum y sera. Puisque c'est sans effet, autant économiser l'orchidée. En plus, ça pue, ces montagnes de tiges grasses et pourrissantes... Quand on passe devant le laboratoire où on les travaille, on dirait une fosse commune, ... Surtout par cette chaleur (elle s'évente) ! On se croirait dans un four...

BETSY O'BREADY : (avec espoir) Et la Parkinson, toujours rien... ?

DR ATLAN : Betsy, en venant ici, vous m'avez demandé de vous dire toujours la vérité. Je l'ai accepté d'autant plus volontiers que c'est de tout repos pour moi de parler enfin à un patient vraiment adulte. La Parkinson, on n'y peut rien. C'est une maladie souvent attachée à la vieillesse et qui progresse avec elle. Ceux qui parlent de guérison sont des charlatans. Ceux qui obtiennent une rémission -et c'est notre cas- peuvent s'estimer heureux. Vous n'en mourrez pas : c'est tout ce que je peux vous promettre. Et cela me semble déjà beaucoup.

BETSY O'BREADY : Vous ne pouvez pas faire des recherches, trouver de nouveaux médicaments, je n'en sais rien, moi ? Je veux bien servir de cobaye...C'est tout de même inadmissible, ces mains qui tremblent et refusent de vous obéir, rien que parce que vous êtes vieux. C'est scandaleux, vous ne trouvez pas ?...

DR ATLAN : C'est le vieillissement qui est scandaleux. Mais, nous n'y pouvons rien...

BETSY O'BREADY : Entendre le numéro un de la gériatrie mondiale parler de la sorte, il y a de quoi se flinguer...

DR ATLAN : Il y a pire : voir le numéro un de la gériatrie mondiale soumis, petit à petit, aux même misères que ses clients... Regardez (lui montre ses mains) les taches de vieillesse qui vous irritent tant ! Je les ai moi aussi. Et je n'y peux rien non plus. Des fleurs de cimetière... Si cela peut vous consoler...

BETSY O'BREADY : Oh, cela me console à peine. C'est pas que je sois inconsolable. Mais, ... si vous inventez une pommade qui donne des taches brunes à toute la population féminine, tiens ! masculine aussi, à partir de dix-huit ans, un baume qui fripe un peu

leurs visages poupins, lisses et éclatants, une petite cure qui leur file la Parkinson, je crois que cela commencerait à aller. Ce qui est douloureux dans la vieillesse, ce n'est pas tant le cortège de misères dont elle vous accable ; on finit par s'habituer à la longue, mais le fait que les jeunes restent insolemment jeunes. Ça, c'est inadmissible !

DR ATLAN : Oh, ils vieillissent aussi. Hier, on a fait un

lifting à un comédien de vingt-cinq ans...

BETSY O'BREADY : Il y aura toujours d'autres jeunes...De nouveaux ! Il en naît tout le temps. Vous croyez que je ne les vois pas ? Malgré tous vos efforts pour les tenir éloignés de ce camp retranché, je les croise parfois : ils chevauchent sur leurs motos, le long de Country Road, ils courent à moitié nus sur la plage, à la lisière des vagues, ils flânent sur Worth Avenue, cheveux aux vents, ils grillent au soleil leur belles peaux lisses dans les transats d'Ocean Boulevard. Il y en a même qui s'aventurent tout près d'ici, à l'Everglade Club Golf, avec leurs beaux mollets sains, sans trace de graisse, avec leur beau visage lisse qu'ils ne prennent même pas la peine de protéger du soleil, ces inconscients !

DR ATLAN : Si je pouvais quelque chose, par exemple : faire accepter au gouvernement un programme de vieillissement général, reconnu d'utilité publique, on peut rêver, votre fille y passerait également.

BETSY O'BREADY : Ah, non, pas ma fille ! Veuillez laisser ma fille en dehors de tout cela. C'est une enfant : quarante ans à peine. Elle n'a pas eu le temps de vivre. Les autres, je ne dis pas, ces arrogantes poulettes aux cheveux clairs et aux joues luisantes de pommes bien nourries, ces Messaline de seize ans qui se laissent prendre en selle par la première moto venue, celles-là, elles en ont

profité. Si elles vieillissent d'un coup, elles auront des souvenirs à égrener pendant leurs longues soirées d'hiver à l'asile. Mais, ma petite Pat, non ! Trop douce, trop sage. Elle mériterait plutôt la jeunesse éternelle...

DR ATLAN : Autant vous le dire tout de suite : le bruit court qu'elle aurait écrit un livre sur vous. Et que c'est à la limite de l'insulte.

BETSY O'BREADY : Ma pauvre petite colombe blanche, vous voyez bien qu'elle aime sa mère ! Chaque semaine, je lui envoie un chèque en blanc. Or, que fait-elle de cette fortune ? Elle se drogue ? Non ! Elle se paye de beaux éphèbes blonds et des tennismen de renom comme les autres cruches à l'héritage ?

Non ! Elle se tient bien sagement dans sa villa de Miami et elle écrit un livre sur sa mère. C'est magnifique, non ?

DR ATLAN : Il paraît que le portrait qu'elle brosse de vous n'est pas précisément flatteur...

BETSY O'BREADY : Et alors ? Je ne suis pas parfaite, que je sache. Je ne suis qu'une pauvre femme partie de rien, qui a dû bâtir sa fortune, sa gloire et sa petite famille ! Chemin faisant, j'ai été obligée d'être injuste, bagarreuse, rusée, changeante. Cruelle. Très. Une petite fille comme elle, élevée dans la prospérité et la rigueur morale, a bien le droit de critiquer ces petits écarts. En plus, on m'a tellement fait suer pendant ma difficile ascension, pensez -vous un sexe symbole même pas blonde ! que, une fois arrivée, j'ai eu mes caprices, mes états d'âmes, mes colères. Histoire de me prouver que je pouvais tout me permettre. J'ai été un sexe symbole, pouvez-vous me regarder et entendre ça sans éclater de rire ?

DR ATLAN Oui.

BETSY O'BREADY : Vous avez des nerfs d'acier, Alma. La seule réussite complète de ma vie est cette merveilleuse enfant. Comme elle ne veut pas me voir trop souvent, elle a raison : une femme doit être indépendante, quand je regarde ses photos, quand je signe péniblement ses chèques en blanc, quand je dicte à James des lettres pour elle, je m'émerveille encore d'avoir pu donner la vie à un être... à un être si beau, si pur...

DR ATLAN : Je ne dis plus rien. Cette fille étant à coup sûr le traitement rajeunissant le plus efficace pour vous, je m'incline... Quelle chaleur ! Par tous mes pores, je sens me vider d'eau... N'oubliez pas de boire, hein ? Mais pas de boissons sucrées !

BETSY O'BREADY : (trinquant avec un verre imaginaire) À la bonne vôtre ! Vous vous souciez un peu de ma santé ! Cela fait trois jours que je suis constipée !

DR ATLAN : Buvez des jus de fruits, c'est pas ce qui manque ici... La Floride : pays des agrumes !

BETSY O'BREADY : (rusée) Je me suis trompée : cela fait une semaine que je suis constipée.

DR ATLAN : (riant) Fumez une cigarette alors ! C'est radical !

BETSY O'BREADY : Vous vendez de l'Atlan-Déconstip à 300 dollars la boîte et vous me recommandez une cigarette

!!!

DR ATLAN : Je vous adore, vous le savez bien. Je ne vais pas vous gaver de placebo. Une cigarette, c'est moins cher, infiniment plus agréable, et très probablement beaucoup plus efficace que le dernier-né de mon laboratoire, l'Atlan-Déconstip dont la seule utilité, je vous le jure, est de produire un bénéfice de 290 dollars, car il me revient à 10 et je le vends à 300, les 290 dollars restants étant tous destinés à enrichir ma garde-robe et à financer l'achat d'un nouveau tapis d'Orient pour ma collection. Accessoirement, l'Atlan-Déconstip, composé, soir dit en passant, d'une infusion dépurative de queue de cerises et de poudre de pruneaux secs, pourrait à l'occasion déboucher un ou deux colons fatigués par la nourriture trop riche et rendus atones par le manque d'exercice.

BETSY O'BREADY : (admirative) Vous êtes une délicieuse petite crapule sans scrupules. Toute jeune déjà, on voyait dans vos yeux que vous étiez prête à avaler le monde entier avec des mimines de couventine effarouchée. Des femmes comme vous rehaussent notre sexe dans l'estime générale.

DR ATLAN : Merci, merci. Venant de vous, le compliment me va droit au coeur. Mais, dites donc : vous m'avez les traits tirés ! Je n'aime pas ça. Vous avez mal dormi ?

BETSY O'BREADY : Des cauchemars... enfin, pire : des visions. C'est la mort qui rôde par ici. Je suis déprimée.

DR ATLAN : Faites comme tout le monde : prenez un gigolo ! BETSY O'BREADY : (affolée) Vous êtes folle ?! Payer les yeux de

la tête un jeune tas de muscles pour des services qu'on me suppliait d'accepter, il y a seulement... trente ans, fleurs, repas et cadeaux à l'appui ? Ja-mais !... Vous n'en prenez pas vous, des gigolos, que je sache !... Ou alors, il y a du nouveau ?

DR ATLAN : Cela me ferait sûrement du bien, mais je n'aurais, de toute façon pas le temps ! Entre la prostate de John Barry IV et le gramme de cellulite sur la fesse droite de Jacky Richmond....

BETSY O'BREADY : C'est donc pour ça qu'elle se trouve chez vous... ?

DR ATLAN : Rien ne vous échappe, hein ? Vous auriez été juge d'instruction, la Cosa Nostra se serait retrouvée sur la paille !... La paille des cellules de prison, bien sûr !

BETSY O'BREADY : Je n'en dirai rien. Je l'adore, cette petite, vous le savez bien ! Déjà qu'elle était veuve si jeune, en plus : six enfants à nourrir ! Elle a beau recevoir la quatrième pension alimentaire du monde, elle a tout de même de la cellulite !...

DR ATLAN : Un gramme, j'ai dit ! Et encore... même ce gramme- là, il est dans sa tête. Oh, quelle chaleur ! Comment faites-vous pour tenir sous un soleil pareil avec votre bibi noir et votre voilette ?

BETSY O'BREADY : Le respect du public, mon petit. Je ne

veux avouer qu'autant de rides que j'ai de millions. Or le soleil de votre belle Floride torride a creusé quelques nouvelles tranchées sur mon visage. Sans que le nombre de mes millions suive le mouvement. Alors, pour cacher le découvert, je ne me sépare plus de ma

voilette... attendant que ma fortune augmente... ou que mes rides disparaissent...

DR ATLAN : Pourquoi ne voulez-vous pas faire un lifting ? Je ne vous demanderai pas un sou. Vous avez encore de si beaux yeux, ronds et vifs, de belles lèvres assez épaisses pour votre âge. On vous tendrait la peau, là, sur les tempes, on couperait un peu sous le menton.... Laissez-moi voir (elle s'approche) !

BETSY O'BREADY : Touchez pas à ma voilette ! Sans elle, je me sens toute nue !

DR ATLAN : Cessez de faire l'enfant ! Nous sommes seules. Regardez dans le miroir ! Vous voyez : on tire là : plus de plis entre les sourcils. Dix ans de gagné. Vos belles paupières lourdes, Dieu merci, rien à faire. Vous les avez gardées, comme du temps de votre jeunesse.

BETSY O'BREADY : Je leur ai fait prendre beaucoup d'exercice : un clin d'œil aguichant par ci, une œillade assassine par là, sans compter les innombrables pâmoisons diplomatiques.

DR ATLAN : Faut un peu de tout pour faire ses millions !Regardez : il faut tirer juste là, mais alors beaucoup. On prend les poches qui se trouvent sous les yeux, on lisse la peau, on tire tout ça derrière les oreilles, on coupe un peu, on coud. Autour de la bouche, même chose : un coup de bistouri sous le menton pour le dégager et deux autres sous les mâchoires pour effacer ces ridules entre le nez et la bouche qui font, vous m'excuserez, vieille peau. Et vous devriez faire un implant de cheveux pour vos sourcils. Vous les avez tant épilés qu'il n'en reste plus rien. Sauf la ligne que vous tracez tous les matins au crayon...

BETSY O'BREADY : C'est pas moi, c'est James qui les dessine... Moi, je ne pourrais même plus faire cela : j'ai la main qui tremble trop...

DR ATLAN : Justement, les mains aussi : on peut tendre la peau du dos des mains. On cache les cicatrices dans les lignes de la main. Astucieux, non ?

BETSY O'BREADY : Cela doit changer le dessin des lignes de la main, non ?

DR ATLAN : Un peu... Mais cela ne change pas le destin... Ciel, quels ongles vous avez, Betsy !...

BETSY O'BREADY : Oui : trois centimètres. Une nouvelle résine. Temps de pose minimum, séchage instantané, garantis pendant un mois. Existe en dix coloris... C'est laid, hein ?

DR ATLAN : Plutôt. Surtout en marron foncé. On dirait...

BETSY O'BREADY : Des serres de rapace, n'est-ce pas ? Ou mieux : des griffes de sorcière. En plus, c'est gênant pour le moindre geste. Trois centimètres, c'est pas rien : on se les emmêle à chaque moment...

DR ATLAN : Qu'est-ce qui vous a pris alors ?

BETSY O'BREADY : Une sorte de vengeance, de défi. Je n'ai jamais pu laisser pousser mes ongles ; je devais me maquiller plusieurs fois par jour : tous ces pots de crème, ces fards minuscules à estomper aux doigts, les cils à recourber... sans parler du fait que je tapais à la machine, je jouais du piano, j'écrivais des lettres. Avec votre maudite Parkinson, je ne peux plus rien faire de tout ça, même fermer un collier, même pas fixer ma voilette avec des épingles, ce geste si féminin que j'exécutais si gracieusement, comme une chorégraphie. Alors, je me suis fait mettre ces griffes pointues et vernies. Pour que mes mains servent au moins à quelque chose... Une sorte de toilette mortuaire. Oh, mes pauvres mains, vous qui avez tant travaillé, tant applaudi, on vous traite maintenant comme les jambes mortes qu'on chausse de tennis sans forme avant de les déposer, inutiles et insensibles, sur le marchepied d'un fauteuil à roulettes.

DR ATLAN : Oh, là, là ! Elle broie du noir, ma pensionnaire-réclame ! Je n'aurais pas dû rire tout-à-l'heure quand vous me parliez de votre déprime ! Je vais vous prescrire des anti-dépresseurs.

BETSY O'BREADY : (lui prenant la main) Alma, Alma, faites attention. Vous savez que mes intuitions se réalisent toujours. Tout près d'ici, la mort rôde...

DR ATLAN : (essayant de cacher son émotion) Le mari de

Lady Osmod, l'ex-champion de marathon est mort hier sur la plage. Faisant son jogging, si c'est pas ridicule ! Cette insupportable chaleur, l'humidité, la nourriture trop riche. Le cœur a lâché. N'en parlez pas : on a caché sa mort, expédiant Lady Osmod et son conjugal cercueil par le premier bateau.

BETSY O'BREADY : Ce n'est pas cela, Alma. De vos pensionnaires,

il en claque au moins une dizaine par saison, vous avez toujours la franchise de me l'avouer. Mais là, c'est plus important, c'est quelqu'un de bien, de vraiment vivant, je ne sais pas qui. Je sais juste que c'est pour les jours qui viennent.

DR ATLAN : (inquiète) C'est la pleine lune demain : le moment du plus haut risque.

BETSY O'BREADY : Faites bien attention à vous, ma petite Alma. Vous êtes trop jeune pour passer l'arme à gauche (attentive). À peine soixante printemps ! Une enfant surdouée sans doute, mais une enfant qui n'a pas encore vécu. Et, veillez sur la petite Jacky Richmond : elle a six enfants, la pauvre !... Tant qu'on a des enfants en bas âge, on n'a pas le droit de mourir.

JAMES : (arrive, en nage, son manteau de fourrure sur le dos) Me voilà, Madame...

DR ATLAN : (sans le regarder, d'une voix enjouée) C'est vous, James ? Qu'en dites-vous de ça ? (elle tire à nouveau les traits de Betsy) Quatre heures d'intervention, dix jours de convalescence et voilà votre patronne de nouveau jeune fille. Qu'en pensez-vous, James ?

JAMES : (chancelant) Que, de la sorte, Madame a l'air d'avoir tout au plus soixante dix-neuf ans et trois mois.

BETSY O'BREADY : Chameau !

DR ATLAN : (se retournant, stupéfaite) Mais enfin, James ? Qu'est-ce qui vous prend ? Vous voulez vous tuer ? Vous êtes

blanc comme un linge ! Et cette fourrure ? (méfiante) Vous êtes resté longtemps sans chapeau au soleil, aujourd'hui ?

BETSY O'BREADY : C'est vrai, James, enlevez ce ridicule accoutrement tout de suite. Vous tenez à tout prix d'avoir l'air d'un camelot lithuanien, hein ?

JAMES : C'est que c'est Madame elle-même qui...

BETSY O'BREADY : (lui coupant la parole) C'est Madame qui vous dit de m'enlever tout de suite ce manteau.

DR ATLAN : (consultant sa montre) Je m'en vais. Il faut que j'aille retirer les pansements de la princesse Ibn Séoud. Douze heures d'opération ! Et un suspens comme pour l'inauguration d'une statue...

BETSY O'BREADY : (intéressée) Paraît qu'elle sera superbe...

DR ATLAN : Je l'espère. Sinon, on est bons pour recommencer. On a essayé de lui relever les pommettes – elle aime bien le type slave – de raboter son énorme menton, on a recollé les oreilles et coupé un peu du lobe. Le nez a été réduit à des dimensions décentes. Il nous en reste donc de la matière pour trois nouveaux nez. On lui a même fait des implants de cils. Pas sûr qu'ils prennent tous. Faudra repiquer d'ici deux semaines. On a aussi replanté des cheveux sur les tempes et le front : Elle y était presque chauve. Si elle est contente, le mois prochain, on s'attaque aux seins : elle veut des petits. C'est la mission impossible : elle a 1m20 de tour de

poitrine ; en revanche, elle aimerait de grandes fesses rondes. Il paraît qu'ils adorent ça Lâ-Bâs... Moi qui croyait faire dans la petite

réparation, voilà que je m'attaque au gros œuvre.

JAMES : (qui a enlevé entre-temps son manteau) Si c'est pas triste, une fille de vingt ans... passer des mois dans une clinique sous les bandages !...

BETSY O'BREADY : Surtout quand on a la chance d'être jeune et riche...

DR ATLAN : (soupir du fond de l'âme) Et, oui. Comme quoi on peut tout avoir : celle-là aura en plus la beauté. Des rondeurs adipeuses, nous dégagerons une Tanagra au profil de camée. Faudra encore parvenir à l'empêcher de se curer le nez avec les doigts et à se cacher la bouche de la main quand elle glousse et nous aurons vraiment fabriqué un ange. Qui convolera de ses ailes qui doivent tout à la chirurgie esthétique avec un beau jeune milliardaire. Et s'il n'est pas beau et jeune, nous le lui livrerons tel pour le montant de la dot. Voilà : je vais inaugurer la statue !. (à Betsy) Vous n'oubliez pas, Betsy : demain soir, nous vous attendons au bal des Quarante Roses, au bénéfice de la Fondation pour la Parkinson.

BETSY : Toujours le mot pour rire, hein ? Vous aurez une nouvelle robe au moins ?

DR ATLAN : Une Worth de 1880, dessinée par le Maître himself signée et tout et tout, je ne vous dis que cela...

BETSY : O.K. alors ; je viendrai voir la merveille...DR ATLAN : Toute en faille grenat entièrement rebrodée de

paillettes en cristal de roche et en perles grises. Je ne vous en dis pas plus. Elle pèse dix kilos, mais elle vous fait paraître vingt ans de moins. C'est de la magie, vous verrez.

BETSY : Filez donc, génie futile ! L'amour des fringues vous perdra. C'est votre talon d'Achille.

DR ATLAN : Ah, j'oubliais ! Évidemment, il y a les chaussures assorties au talon Louis XV sertis de grenats massifs, aux brides couvertes de baguettes de jais. Et l'intérieur est peint à la feuille d'or. Je me déchausserai pour vous montrer, il n'y a que vous pour apprécier les belles choses ici : allez, je file voir ma momie...

BETSY : Sacrée Alma ! Elle ne bande que devant les robes et les tapis d'Orient ; mais alors quelle passion ! Une perversion plutôt innocente, n'est-ce pas, James ? Pourquoi avez-vous tant tardé, James, d'ailleurs ?

JAMES : (morose) Madame me pardonnera : malgré toute ma bonne volonté, je me suis évanoui trois fois sur la plage entre l'hôtel et votre chaise-longue. Alors, forcément, à chaque fois, le temps que les sauveteurs me relèvent, me giflent, m'ouvrent le col. Et ensuite, le temps de remettre le nœud papillon, d'épousseter mon manteau et de nettoyer mes chaussures vernies pour plaire à Madame... Je peux prendre le livre ? (il le prend) Ah, à ce que je vois, Madame a essayé d'écrire elle-même. Ce n'est pas exactement une réussite !

BETSY : Enlève ta veste, James, et le nœud... et les chaussures.

JAMES : Mais, dans ce cas, je ne vais plus inspirer Madame pour son livre impérissable pour la vie...

BETSY : Aucune importance. Je voulais dicter quelque chose du genre « La sueur des pauvres vient du travail : elle est donc obscène et il faut la cacher ; la sueur des riches est délibérément recherchée dans leurs sports et leurs jeux ; il faut l'exhiber comme un signe de luxe et de plaisir » ; mais ce n'est plus la peine d'écrire ça. Je trouve cette image stupide ; moi qui ai sué des deux manières, j'ose dire que suer au travail, c'est encore ce qui m'a procuré le plus de plaisir. Alors... ferme ce livre, James. Et enlève ta veste. La mort rôde, je le sens, et au grand jamais, je ne voudrais te perdre, mon tendre et patient jeune compagnon.

JAMES : (ému) Madame. (il enlève sa veste et ses chaussures).

BETSY : Tu as entendu parler d'un livre que Pam' aurait écrit sur moi ?

JAMES : Il est dans les librairies depuis hier, Madame.
BETSY :Tul'aslu ?JAMES : Juste feuilleté, Madame.BETSY : (pleine d'espoir) Et.... Alors... ?

JAMES : Je n'ai pas trouvé que c'était la peine de vous en parler, Madame. (péniblement) Il s'intitule « Dans les griffes deMaman »...

BETSY : Je vois... Rentrons, mon cher ami (souriant, faible et attachante), je vous donne le bras...

JAMES : Rentrons, Madame ! (elle tend les bras vers lui, les pose autour de son cou, il la prend dans les bras, car elle ne peut pas marcher).

ACTE II

Le lendemain. La plage de la clinique de jeunesse du Dr Altlan, la nuit du gala en faveur (honneur ?)... ah oui : « au bénéfice » de la Parkinson. Décor précédent à peine modifié ; la fête a débordé sur la plage, y laissant ses épaves : verres vides, châles égarés, photophores à moitié consumés.

Les personnages se croisent, une coupe à la main, regardant par- dessus les têtes des gens qu'ils saluent, « regrettant déjà de n'être pas plus loin »…. Alma et Arlette se croisent au milieu de la scène, en robes du soir.

ARLETTE DUVAL : Bonsoir, docteur Atlan. Votre soirée

Parkinson est un triomphe. Je viens de croiser la veuve de l'ancien Président... Toutes mes félicitations !

DR ATLAN : (faussement détachée) Oh, vous l'avez remarquée ? Pourtant elle sort peu de sa chambre... C'est une amie : elle ne vient pas pour la cure.

ARLETTE DUVAL : À d'autres ! À propos de votre... cure : je me sens l'âme... et le corps !... d'une jeune fille. Votre pollen d'orchidée doit y être pour quelque chose. Dites-moi, ne serait-il pas un peu... aphrodisiaque ?

DR ATLAN : (embarrassée) C'est un stimulant général... d'excellente qualité... Les résultats dépassent de loin mes espoirs les plus fous... Il a une action bénéfique sur tout l'organisme : il raffermit la peau, facilite le transit intestinal, agit comme régulateur de pression artérielle et comme anti dépresseur. Il doit avoir également, pourquoi pas ? donner un coup de fouet aux gonades.

ARLETTE : (automatiquement) Votre robe est magnifique, une fois de plus...

DR ATLAN : (flattée) Vous l'avez remarquée, n'est-ce pas ? C'est une Worth, une authentique, de mil huit cents...

ARLETTE : (lui coupant la parole) Vous êtes venue par le parc, n'est-ce pas ? N'auriez-vous pas aperçu Amaury ? Dites-le moi ! Sincèrement ! Même s'il se roulait dans l'herbe en compagnie d'une riche héritière...

DR ATLAN : Miss Duvall ?! Qu'allez-vous chercher ? La

jalousie est très mauvaise pour la peau. Elle tend vos traits, creuse vos rides... et (voix basse) retarde la cicatrisation des liftings.

ARLETTE : Dans ce cas, mijotez-moi un petit philtre au pollen de mandragore, pour endormir ma jalousie...

DR ATLAN : Je ne peux rien contre les poisons que mes pensionnaires s'administrent eux-mêmes... Rassurez-vous : Amaury vous est très attaché.

ARLETTE : Il est surtout attaché à mes millions. Or, la princesse Ibn Séoud en a dix fois plus. Au moins. Et Amaury ? Un titre de noblesse. Savez-vous qu'il est né baron ?... À propos, toutes mes félicitations : il paraît que l'opération esthétique de la princesse est une grande réussite.

DR ATLAN : (amère) Nous avons fabriqué un ange. Pendant qu'on lui enlevait les bandages, je n'en croyais pas mes yeux. Un ovale parfait, de belles paupières mystérieuses, un nez fin comme une porcelaine, des yeux de biche, des traits doux, parfaits... J'ai beau être l'auteur du miracle, je crève de jalousie. Si j'avais eu ce visage-là à vingt ans !...

ARLETTE : Eh bien, si vous l'aviez eu... ?

DR ATLAN : (riant) Si je l'avais eu... Je n'aurais sûrement pas su en profiter. Comme le dit si bien votre amie Betsy, quoique un peu crûment : je suis incapable de me servir de mon cul. Alors, même si j'avais eu le plus beau... « nez » du monde, cela ne m'aurait servi à rien. Je ne sais que travailler. Je suis une femme de somme. Comme l'on est bête de somme... Je ne sais pas me reposer, je ne sais pas m'amuser. De chaque journée qui passe, je ne retiens que le travail qu'il me reste encore. De chaque réussite que la crainte de ne plus y arriver. Et quand je suis trop triste et que je ne trouve plus de sens à ma vie, je m'achète une très belle robe, très chère, très précieuse... et cela me passe... pour un moment.

ARLETTE : À votre place, je prendrais un beau jeune homme, très affectueux, auprès de moi. Cela aide à vivre, vous savez ?

DR ATALAN : Je serai tout le temps en train de craindre qu'il ne me quitte pour une autre... fortune. Vous avez la délicatesse de faire semblant d'oublier que je ne suis ni une héritière, ni une rentière. Je dois travailler tous les jours pour vivre. Très confortablement, d'accord, mais je reste une prolétaire. Où voulez- vous que je case cet enfant mâle adulte, capricieux et exigeant, dont vous me parlez dans un emploi du temps déjà prêt à

exploser ?

ARLETTE : À propos de prolétaire, le bruit court que Maureen King dit du mal de votre cure...

DR ATLAN : (fermée) C'est faux !

ARLETTE : Faites attention : sans jeu de mots, cette histoire vous fait une très mauvaise presse. J'étais à l'instant au buffet. Une fausse jeune qui se disait très bien informée déclarait à qui voulait l'entendre que Maureen King vous accusait d'escroquerie et qu'elle vous avait déjà menacée de quitter l'établissement.

DR ATLAN : (choquée) Menacé ?! C'est invraisemblable !

ARLETTE : Il paraît qu'elle va publier dans « Amours et Gloires » un article incendiaire sur votre clinique.

DR ATLAN : (furieuse) Cela m'étonnerait beaucoup, vu qu'elle vient d'être virée.

ARLETTE : (feignant la surprise) Ah bon ? je ne le savais pas ! Mais alors, elle ne présente plus aucun intérêt pour vous, puisqu'elle n'écrit plus dans « Amours et »... ?

DR ATLAN : (regardant à gauche et à droite pour s'assurer que personne ne les écoute) Arlette, si vous me jurez de ne rien dire à personne, surtout pas à Betsy O'Bready que j'adore, mais qui est une gazette trois fois plus informée et consultée que « Amours et Gloires », je vais vous confier un secret. Jurez de n'en rien dire !

ARLETTE : (très empressée) Je jure, je jure ! DR ATLAN : Sur quoi ?

ARLETTE : (solennelle) Sur la tête d'Amaury !

DR ATLAN : (hésitant d'abord) Amaury, vous y tenez ? Bon, ça me va. Ecoutez-moi bien : Maureen King s'est fait mettre à la porte de « Amours et Gloires ». Quand elle me l'a dit, je lui ai proposé de rester parmi nous, en payant la moitié du tarif. Virée de son journal, elle n'a plus le sou, ni de relations, encore moins d'amis. Soyons francs : elle n'en a jamais eu. Pas de retraite, pas de fortune personnelle, pas d'enfants, pas de parenté. Je l'ai tolérée encore quelques jours, mais vous êtes bien placée pour savoir quels montants peuvent atteindre le séjour dans mon établissement. La cure est chère, la pension en rapport avec la qualité luxueuse de nos prestations et les revenus des curistes, le personnel habitué aux pourboires, aux cadeaux... Bref : elle n'a plus un rond et je me suis trouvée dans l'obligation de la sommer de partir. Demain matin, dernier délai, elle doit quitter sa suite, sinon je la fais expulser avec huissier et elle ne survivra jamais à

cette honte...

AMAURY : (surgit, une coupe de champagne à la main, semble chercher quelqu'un, aperçoit Arlette, tente de s'esquiver, trop tard) Ma belle Arlette, je vous cherchais (baisemain). Dr Atlan, mes hommages...

DR ATLAN : Amaury, votre tête est en danger. Elle dépend de Miss Duvall...

AMAURY : Je ne le sais que trop. Ma tête, mon cœur, mon avenir, sans parler de tout le reste, dépendent d'elle. (nouveau baisemain)

ARLETTE : (à Amaury) Judas !

DR ATLAN : (à Arlette) Nous sommes d'accord, Miss Duvall ? Pas un mot ? Je vais chercher Betsy. Elle m'avait l'air déprimée ce matin... Vous ne l'avez pas vue ?

AMAURY : Si ! Tout à l'heure, au bar. Elle parlait à cette

jeune princesse orientale.

ARLETTE : (sur ses gardes) Et tu as profité pour lui être présenté, baron de mes deux !

AMAURY : (excédé) Oui, quel mal y a-t-il à ça ? Votre jalousie m'agace et me blesse, Arlette...

ARLETTE : (suffoquée) Moi ? Jalouse ! AMAURY : Parfaitement !

ARLETTE : Vous rêvez, mon jeune ami ! Vous vous croyez irremplaçable peut-être ? Les plages grouillent de jeunes michetons dans votre genre.

AMAURY : (menaçant) Je vous ai dit ce que je fais, si vous vous permettez ce genre de goujaterie en public.

ARLETTE : Je m'en fous !

DR ATLAN : Miss Duvall, prenez garde. Les montées d'adrénaline sont dangereuses à votre âg... (se reprenant)... pour vous. Respirez profondément, cal-me-ment.

ARLETTE : Foutez-moi la paix avec votre respiration ! Regardez- moi ce jeune coq qui monte sur ses ergots et se prend pour un homme, alors qu'il n'est... qu'il n'est...

AMAURY : Faites très attention à ce que vous allez dire, Arlette ! La dernière fois que vos vapeurs vous sont montées à la tête, c'est à genoux que vous m'avez supplié de revenir.

DR ATLAN : Vous aviez raison, Arlette : un jeune amant est de tout repos ! (sérieuse) Arrêtez, tous les deux. On nous regarde. Et vous gesticulez et criez.

AMAURY : Vous avez peur : on dira que, par radinerie, vous ne mettez pas assez de bromure dans le pollen des vieilles hystériques échouées dans votre clinique. Moi, je paye de ma personne, mais, sans calmants, vous voyez bien ce que cela donne...

ARLETTE : Un gigolo de bas étage que je paie au coup... qui se fait vieux en plus ; qui commence à avoir du ventre et approche de la trentaine. Qui n'arrivera même plus à bander bientôt...

DR ATLAN : Vous êtes fous ? Qu'est-ce qui vous prend ? C'est la pleine lune ? Calmez-vous tous les deux ! (crie à la cantonade) Betsy, venez vite, Betsy !

AMAURY : (crie) Vieille femelle lubrique ! Pour que vous arriviez encore à ressembler à quelque chose avec votre misérable ventre mou... (Betsy entre portée par James).

ARLETTE : Coq de village ! Pauvre crétin écervelé qui se fait payer pour remuer la queue !... comme un caniche !

AMAURY : Vieille nymphomane. Si je racontais...

BETSY : (à James) Déposez-moi, James. Et vous deux, arrêtez immédiatement !

JAMES : Madame, c'est imprudent !

ARLETTE : (hurle) Gigolo ! AMAURY : (même jeu) Gouine !

BETSY : Posez-moi, James ! (une fois à terre, elle marche vers Arlette et Amaury, sa canne brandie comme une épée) Arrêtez, tous les deux ! Amaury, si les Rosière d'Husson, vos ancêtres, savaient comment vous vous donnez en spectacle !...

AMAURY : (à Betsy) C'est Arlette qui est devenue folle ! Elle va ramper et me lécher les mains, comme la dernière fois, pour que je revienne dans son minable lit de momie. Elle pourra toujours attendre ! Je vais lui flanquer une de ces raclées ! La dernière fois, elle a dû porter des lunettes noires pendant une semaine !

ARLETTE : Minable ! Gigolo !

BETSY : (hurle, les menaçant de sa canne) Imbéciles ! Taisez- vous ! Vous ne voyez pas Maureen King qui arrive ? Vous voulez être à la une des journaux demain ? Avec un scoop comme votre dispute, son journal la réembauche tout de suite.

AMAURY : (remettant de l'ordre dans ses cheveux) Je vais faire un tour pour me calmer... (se prépare à sortir)

ARLETTE : (insinuante) Au bar, sûrement ?

AMAURY : (méprisant) Là où il y a de la chair fraîche. Ici, ça sent trop la momie ! (sort)

BETSY : (à Arlette) Arlette, te donner pareillement en spectacle, toi, une grande dame ?! Pour un petit minable comme tu en trouves treize à la douzaine ? Tu as perdu la tête

?

ARLETTE : (essuyant une larme) Je ne peux pas m'en passer.

BETSY : Balivernes !

JAMES : (soupirs, solidaire d'Arlette) Eee hé hé....

BETSY : Bouclez-là, James... On ne vous a rien demandé !

JAMES : Je ferai respectueusement remarquer à Madame que je n'ai encore vraiment rien dit. (Maureen entre en scène)

BETSY : Vous n'en avez pas moins pensé. Je vous ai entendu, vieux fripon !

MAUREEN : Betsy, mais vous remarchez ! C'est merveilleux ! BETSY : (tout sourire) C'est entièrement le mérite du Dr Atlan...

DR ATLAN : (mondaine) C'est le pollen d'orchidée qui a opéré le miracle. Je n'ai fait que vous le prescrire...

BETSY : James, taisez-vous !

JAMES : Mais, je vous assure, Madame, je n'ai pas émis le moindre son ! Je me suis même abstenu de penser !

BETSY : Cela n'a pas dû être difficile... DR ATLAN : Pauvre James...

BETSY : Et vous, Alma, arrêtez de le plaindre ! Faut jamais caresser un faible dans le sens du poil. Il vous mordra.

ARLETTE : (à Maureen) Vous qui êtes toujours la première au courant, pourquoi ne feriez-vous pas, Maureen, un article sur la spectaculaire guérison de Betsy ?

MAUREEN : (embarrassée) Bien sûr, j'allais le lui proposer.
ARLETTE : Seulement, je vois un problème...MAUREEN : Lequel ?ARLETTE : Où le publieriez-vous, cet article ?

MAUREEN : Dans « Amours et Gloires », comme d'habitude...

DR ATLAN : Miss Duvall...

ARLETTE : C'est curieux : voilà bien trois jours que je n'ai plus vu votre signature dans ce torchon.

MAUREEN : J'ai été un peu souffrante, ces temps...
ARLETTE : Avant ou après avoir été virée ?MAUREEN : (suffoquant d'indignation) C'est une calomnie !...

ARLETTE : Pour ceux qui n'ont pas encore reçu la bonne nouvelle de votre renvoi, je me suis permis d'écrire une petite lettre ouverte à votre ex rédacteur en chef. Remerciements polis pour votre travail et les plus doux souhaits pour votre retraite bien méritée. Vous voyez, le genre ! Comme ça, tout le monde sera aucourant ! Vous ne recevrez plus d'invitations, plus de voyages, même pas un magazine illustré gratuit !

MAUREEN : Je vous remercie pour ce coup de grâce.

ARLETTE : C'était tout naturel : trente ans que vous sapez

ma réputation, permettez-moi d'achever la vôtre...

DR ATLAN : Miss Duvall, vous êtes cruelle. BETSY : Non... elle ne l'est pas... Vous rappelez-vous, Maureen,

cette campagne de presse stupide qui devait vous faire croire qu'Arlette était lesbienne ? Vous savez que c'est à cause de ce coup monté qu'elle a perdu son enfant... ? Et qu'elle n'en a pas eu d'autre ? La rumeur tue.

MAUREEN : (haineuse ; ayant trouvé une cible) J'ai écrit ce que je pensais être la vérité. Quant à vous, Betsy O'Bready, je ne vous ai pas fait perdre d'enfant, mais j'aurais peut-être dû. Votre fille adorée, Pam, vient de publier son livre (sarcastique) « Dans les griffes de maman ». Je vous félicite, Betsy. Vous auriez mieux fait d'accepter ma proposition d'écrire vos mémoires... Vous savez ce qu'elle y raconte, votre fille chérie ? Que vous l'habilliez dans vos vieilles robes transformées, que vous la battiez pour qu'elle soit

« gentille » avec quelques vieux producteurs de vos amis.

JAMES : (sortant soudainement de sa réserve) C'est insensé ! Arrêtez !

MAUREEN : C'est insensé, en effet. Et c'est archi-faux ! J'ai vu Betsy O'Bready habiller la petite Pam comme une princesse, lui commander ses robes à Paris et ses chaussures à Milan, accepter tous ses caprices... Comme elle acceptera ce dernier, quitte à en mourir. Vous ne vous en sortez pas mieux que moi, ma vieille Betsy : si je dois affronter l'ingratitude du monde ou la vengeance de mes ennemis, vous, Betsy, vous subissez l'ingratitude et l'incompréhensible vengeance du seul être que vous avez aimé et choyé. Laquelle de nous deux est plus à plaindre ?

ARLETTE : La différence, c'est que Betsy aura toujours James à ses côtés et gîte et couvert chez l'un ou l'autre de ses amis, alors que vous, vipère professionnelle, devrez déguerpir à l'aube. Seule, comme une mendiante.

DR ATLAN : Miss Duvall, c'est trop !

MAUREEN : Vous n'avez pas pu tenir votre langue jusqu'à demain, Docteur Atlan ? Je serais partie discrètement, sans vous troubler... Vous avez tenu à m'asséner ce coup : partir couverte de honte. (avalant ses larmes) Ça doit être mon destin... Mais, c'est vous qui l'aurez mis en marche ! Mesdames (s'incline et sort très lentement, très digne).

DR ATLAN : Miss Duvall, je n'aurais pas cru cela de vous... Je suis très déçue. Vous m'aviez promis le secret !

ARLETTE : (hagarde) Sur la tête d'Amaury en plus... Je ne l'ai pas fait exprès, Docteur Atlan. Je n'ai pas pu m'en empêcher. J'ai vu rouge, j'ai revu le corps de mon enfant. Ce n'était pas une fausse couche, vous savez ? C'était un accouchement. Un petit garçon de quelques mois. Si joli, si paisible, mais mort...

BETSY : (brisée, mais tâchant de paraître calme) Vous l'avez lu, le livre de ma fille ? Répondez-moi franchement toutes les deux.

DR ATLAN : Je l'ai feuilleté.ARLETTE : Je l'ai lu, Betsy.BETSY : (se tournant vers le Dr Altan) Et alors... ?DR ATLAN : Vous avez une personnalité trop forte, Betsy. Pam a

senti le besoin de se rebeller contre vous.ARLETTE : C'est un tissu de mensonges et d'inepties, oui ! BETSY : Elle écrit qu'elle m'aime?ARLETTE : Juste quand elle était enfant...

BETSY : (songeuse)... Une si belle enfant, elle avait les yeux de son père, les gestes de son père. Elle se réveillait tous les matins avec le sourire et riait aux éclats dès qu'elle me voyait.

(sans transition) En Floride, l'hiver est l'été. L'été y est la morte- saison. Nous sommes en mai. La morte-saison, la saison de la mort. La mort rôde, je le sens, c'est pour bientôt, pour très bientôt sûrement. Cette nuit, je le sens. Alma, surveillez Maureen King. Elle est partie dans un état à faire des sottises.

DR ATLAN : Il m'a semblé aussi... J'y vais...

BETSY : Encore un mot, Alma. Votre robe est splendide ! Les perles sont en véritable cristal de roche, n'est-ce pas ? (Dr Atlan acquiesce) Pas vrai ?! Cela doit peser des tonnes !

DR ATLAN : Dix kilos...

BETSY : Quelle merveille ! Une armure : il en faut, par les temps qui courent, pour une douce et fragile jeune femme comme vous.

DR ATLAN : Vous êtes la seule à voir mes robes, à regarder autrui, Betsy. Dieu vous garde, vous et... votre fille. (elle dépose un baiser sur le front de Betsy et s'en va précipitamment).

BETSY : (pour cacher son trouble) Viens, James, prends le livre ! Car nous allons l'écrire ce fameux livre ! Tu es prêt ?

JAMES : Oui, Madame.

ARLETTE : (se verse à boire et prend un verre placé sur un plateau) Je peux rester ?

BETSY : (sourire amer) J'ai eu, jadis, quelque pouvoir sur les gens, mais jamais celui de les retenir. Ni celui de les éloigner, d'ailleurs. Maintenant, cela m'est égal. Je dicte, James.

JAMES : (héroïque) Je note, Madame...

BETSY : (dictant) Il me semble invraisemblable qu'en cas de guerre, un seul de nos jeunes, s'il est sain d'esprit, veuille défendre le tas d'obèses oisifs que nous sommes, nous, ses aînés. Quand je songe que dans le seul établissement du docteur Atlan, établissement prévu, au grand maximum, pour une cinquantaine de pensionnaires, le département restauration emploie trois cents personnes, j'ai tout simplement la nausée... et l'appétit coupé. Ce qui me porte à croire que c'est à dessein, pour faire des économies sur ma consommation, que le docteur Atlan m'a transmis ces chiffres.

ARLETTE : (abattue) C'est pas ça que tes lecteurs attendent de

toi, Betsy...

JAMES : Si Madame m'autorise à donner mon humble avis, je me permettrais de dire que je trouve ses idées courageuses. Je pense qu'elles vont intéresser le lecteur d'aujourd'hui.

BETSY : Arrêtez de me défendre à tout prix ! Cela me donne l'impression d'être morte et d'assister à mon propre éloge funèbre. Continuons : « Notre civilisation est dans une impasse. Notre jeunesse n'est, à son tour, qu'un troupeau de moutons braillards et obèses, que les drogues diverses et la paresse ont le plus souvent réduit au stade de légumes. Les rares véritables contestataires, confondant causes et effets, se trompant systématiquement de cible, se lancent dans des procès d'intention si absurdes contre leurs aînés qu'ils perdent toute crédibilité. Au sein des familles, les mères actives, pionnières d'une des rares révolutions réelles de notre siècle, se retrouvent accusées par ceux-là mêmes de leurs enfants... » (lasse) Et puis j'en ai assez. Cela ne va pas. Nous continuerons une autre fois.

JAMES : Si je puis me permettre, Madame doit se défendre contre les accusations injustement portées contre elle ! À force de prendre sur elle, d'encaisser les coups sans riposter parce qu'elle est forte... Madame finira... excusez ma franchise : en compote.

BETSY : (souriant, lasse) D'accord, James. Nous en parlerons, je te le promets. En attendant, va voir ce que fabrique Amaury. Et ramène-le nous sous un prétexte quelconque.

ARLETTE : (sans conviction) S'il vient ici, je m'en vais...

BETSY : (sans en tenir compte) C'est bien ce que je disais : ramène-le nous vite. Arlette trouve déjà le temps long.

JAMES : Madame, Mesdames (s'incline et sort) ARLETTE : Cela se voit tant que ça qu'il me manque ?

BETSY : Oh, oui !... Mais, rassure-toi : Amaury n'a pas la vue aussi bonne que la mienne.

ARLETTE : C'est bête à mon âge, n'est-ce pas ?

BETSY : C'est bête parce que c'est tombé sur Amaury qui, à mon avis, manque cruellement d'intérêt, mais c'est ta vie...

ARLETTE : Je sais ce que tu penses : qu'il en veut à mon argent...

BETSY : Après tout, ce ne serait que justice. Tous tes mariages ont été des mariages d'intérêt avec des Messieurs très riches et très fortunés. Très âgés aussi. Il n'y a eu que le dernier qui s'est accroché à la vie. Dix ans ! Tu as eu beaucoup de patience, mon Arlette. Mes mariages ont été du même genre. Alors, tu vois bien, ce n'est qu'un juste retour des choses ! On nous a payées ; aujourd'hui, on paye. Ou l'on se prive volontairement de dessert... Mais ça, tu ne le peux pas ! Tu es trop gourmande, Arlette.

ARLETTE : J'ai toujours été raisonnable. Petite fille déjà,

j'étais un modèle de sagesse. « Une poupée », on disait. Quand nous

tournions ensemble, tu jouais toujours la garce et moi la gentille. Blonde, pure, douce. Je n'ai jamais perdu mon temps en amourettes inutiles. Je guettais déjà le bon mari. Avec une détermination inébranlable et un manque d'illusions étonnant pour mon jeune âge. Les battements redoublés d'un cœur amoureux, l'attente fébrile devant un téléphone qui tarde à sonner, les mains qui se frôlent avec désir et émotion, tout cela, je me contentais de le lire dans les romans ou de le jouer devant les caméras. J'étais persuadée qu'il s'agissait d'émotions de pure fiction, inventées uniquement pour mettre du beurre sur les épinards des écrivains et des scénaristes, et pour fournir un peu d'évasion aux femmes mal mariées. Dès que j'ai été en âge de me marier, moyennant dispense tout de même – j'étais encore mineure – j'ai épousé un Monsieur blet. J'entends par là qu'il était mûr depuis un bon moment ! Il avait de l'argent, des relations et trente kilos de trop, tous sur le ventre.

Il me permit de me lancer dans un second métier, prostituée conjugale, me payant une garde-robe, des réalisateurs complaisants, des dîners utiles. Appréciant son aide, je ne suis pas restée passive. Je donnais instinctivement les coups de pouce à ma carrière, en couchant avec le bon producteur, avec les chanteurs à la mode. Jamais de béguin, je savais coucher utile, j'étais jolie et fraîche et, juste récompense, ce fut ainsi que je me retrouvai un jour au box-office. Juste après toi, Betsy, mais, toi, tu étais à part, si originale ! Tu étais hors concours.

BETSY : (ironique) Voilà peut-être le genre de confession que tes admirateurs attendent de toi !... Et de moi. N'oublie surtout pas d'écrire ce que tu viens de me dire...

ARLETTE : Ils vont sûrement être déçus par la suite, mes admirateurs... Vers quarante-cinq ans, curieusement à la même époque où ma taille commençait à s'épaissir, j'ai réalisé que je n'avais jamais été au lit avec un homme qui me plaise physiquement. Cela ne me manquait pas. Et pour cause : je ne

savais pas ce que cela voulait dire... J'ai compris que je n'avais été que dans les draps de quinquagénaires, au moins !, ventrus, poilus, poussifs, lourds, vite essoufflés. Je pris en horreur leurs ventres éléphantesques. C'était obscène, inadmissible, cela méritait la peine capitale. J'ai essayé d'imaginer un homme au ventre plat, aux longs muscles lisses, le blanc des yeux nacré et la chevelure fournie et brune. N'arrivant pas à imaginer, tu sais que je suis dépourvue de fantaisie, je suis passée aux actes. Et je compris : l'odeur, le toucher, la voix, jusqu'aux rôts et ronflements, tout était différent. Entre l'homme de vingt ans et homme de cinquante, il n'y a pas seulement trente années de différence. Ce sont deux espèces différentes. Inutile de te le préciser : je n'ai plus jamais pu faire l'amour avec un vieux...

BETSY : C'est dangereux, mais pas catastrophique : ta fortune est faite. Peut-être t'es-tu surestimée ? Tu as été raisonnable trop longtemps. Et tu as épuisé tes réserves de patience... Heureusement ton dernier mari, Randall III est mort : cela te laisse tout de même libre...

ARLETTE : Dix ans après sa mort, il continue à m'apparaître en rêve. Toutes les nuits. Cent kilos : un monstre ! Il veut me faire l'amour. Il se couche sur moi. Pour m'aimer, dit-il. Mais je sais bien que c'est pour m'écraser. Toujours le même cauchemar ! Tu comprends pourquoi me réveiller à côté d'Amaury est si important !

BETSY : Je n'ai rien contre Amaury. Je voudrais juste que tu ne te prennes pas trop au jeu.

ARLETTE : C'est la voix de la raison. Mais moi, je suis folle ! Toi, tu as toujours été raisonnable. Je me demandais d'ailleurs souvent, à l'époque où nous tournions ensemble, s'il ne t'arrivait pas de

temps à autre, d'être folle, avec les hommes j'entends...
BETSY : Une fois.ARLETTE : C'est tout ?

BETSY : Ce fut un moment inoubliable, tellement inoubliable que j'ai aussitôt eu envie de remettre ça ! Avec le même homme. Et comme je suis très raisonnable, je n'ai jamais recommencé. Cela aurait été trop dangereux : pour mon avenir et pour ma fortune.

ARLETTE : Pam est de lui ?

BETSY : Peut-être. Je sais très bien compter l'argent ! Cependant, j'ai toujours éprouvé une insurmontable difficulté à compter jusqu'à neuf dès qu'il s'agit de mois.

ARLETTE : Et lui, tu l'as revu ?

BETSY : Cela n'a plus aucun intérêt. Je suis une vieille dame, il est un vieux monsieur, c'est une histoire terminée...

ARLETTE : (révoltée) Tant qu'on est en vie, rien n'est jamais fini !

BETSY : Te rappelles-tu cette formule que les journalistes aimaient tellement nous appliquer : « les deux amies d'Hollywood, toutes les deux nées avec le siècle ». À l'époque, cela attendrissait. Le siècle n'avait pas encore vingt ans. Entre temps, le siècle, comme tout le monde, a pris des rides. Si quelque dinosaure de journaliste s'avisait à utiliser la même formule, « toutes les deux nées avec le siècle », on lui demanderait de quel siècle il parle... ou de quel millénaire.

ARLETTE : (très tendre) Nous étions si heureuses quand nous travaillions ensemble ! Un peu sur les nerfs, souvent fatiguées, forçant parfois sur la boisson, mais si belles, si gaies, si jeunes...

BETSY : Nous travaillions : la vie passait plus vite... Nous avions un beau, un splendide métier...

ARLETTE : (caressant les cheveux de Betsy) Ma bonne, ma vieille, mon impitoyable seule amie ! Comme je voudrais être encore une fois, pour un dernier film, la gentille fiancée blonde et pure à laquelle la garce que tu joues vole son fiancé pour le perdre...

BETSY : Tu rêves ? À notre âge, ils nous proposeraient tout au plus un duel de grand-mères au sujet d'un petit-fils homosexuel. Toi, tu voudrais le sauver en le faisant entrer dans les ordres, moi : le mettre sur le trottoir dans les quartiers chics pour que son vice rapporte. Le malheureux finira chez le psychanalyste, miné secrètement mais sûrement par une maladie incurable... Arlette, ma belle, sais-tu que j'espère tous les jours un télégramme avec une proposition de rôle ? Même secondaire ! C'est tout de même un comble ! courir après l'argent quand on est sans le sou, je comprends, mais quand on a des millions, cela devient absurde...

ARLETTE : (songeuse) La vie est absurde. Et injuste. Nous aurions dû être riches quand nous étions jeunes... Toi, moi, le docteur Atlan... Au lieu de trimer comme des dingues pour gagner le droit, plus tard, de nous méfier de tout le monde.

BETSY : Regarde James : il vient d'une famille richissime. Son père avait presque tout mangé. Jusqu'à ses trente ans, James a liquidé les restes et le voilà aujourd'hui chien fidèle de la vieille dame... Tu trouves qu'il s'en est beaucoup mieux sorti ?

ARLETTE : Peut-être. Si on l'aime... c'est pour lui-même. Il ne peut pas en douter. Il n'a rien d'autre.

BETSY : (comme devant une absurdité) Qui formulerait le projet saugrenu d'aimer James ?

ARLETTE : Tu vas croire que je suis folle : Amaury m'a dit un jour, lorsqu'il était d'ailleurs imbibé de whisky comme une éponge, qu'il m'aimait, mais qu'il trouvait indécent de me le dire tant qu'il n'aurait pas mis un peu d'argent de côté.

BETSY : Il n'a qu'à économiser celui que tu lui donnes ! Comme ça, il t'achètera avec ton propre argent !...

ARLETTE : Il m'a même dit qu'il avait des projets... secrets. Pour devenir riche.

BETSY : T'assassiner et s'enfuir avec tes bijoux ?

ARLETTE : Betsy, je l'ai cru... Il avait l'air si sincère et il était vraiment très saoûl. Je dis des bêtises ?

BETSY : « Bêtises » ce n'est pas un terme assez fort... Toutes les vieilles pigeonnes s'imaginent un jour ou l'autre que leur gigolo les aime pour elles-mêmes. J'attendais mieux de toi.

ARLETTE : (inébranlable) Je sais que tu as toujours raison. Pourtant, cette fois...

BETSY : Voilà un excellent sujet de méditation pour la nuit d'insomnie qui se prépare ! Car ce sera une nuit d'insomnie, une nuit maléfique, je le sens à pleins naseaux. Arlette, prends soin de toi cette nuit... Je t'en supplie...(apercevant James et le Dr Atlan qui sont entrés avec des mines défaites) Vous avez pris votre temps, vous... !

JAMES : Madame, nous avons de mauvaises nouvelles...

BETSY : (sentant le danger, essaie de dédramatiser) On t'a envoyé chercher Amaury, James, pas des nouvelles !

JAMES : C'est qu'elles sont venues à moi, Madame.

DR ATLAN : (s'effondre sur un transat) Heureusement, James était avec moi ! Il a un tel sang-froid ! Seule, je n'aurais jamais tenu le coup. (coup d'œil las vers Arlette) Allez-y, James !

JAMES : (à Arlette) Miss Duvall, toutes mes condoléances ! Votre ami, Monsieur Amaury de la Rosière d'Husson, n'est plus. Le docteur a tenté tout, mais... c'était trop tard ! Mort sur le coup.

ARLETTE : Vous vous trouvez drôle, James ? Il te fait souvent des farces aussi gaies, Betsy ?

BETSY : Jamais. Arlette, sois forte !

ARLETTE : Tu as une idée fixe avec la mort qui rôde. Tu portes la poisse, tu voudrais qu'Amaury soit mort uniquement pour confirmer tes prédictions sinistres, toi, celle qui ne se trompe jamais... et tu ne l'as jamais aimé.

BETSY : Il y aura bien pire, je le sens.

JAMES : Monsieur de la Rosière d'Husson est mort, tué par les balles des gardes de corps de la princesse Ibn Séoud.

ARLETTE : (se jetant en larmes dans les bras de Betsy)Betsy, c'est moi qui l'ai tué, avec ma jalousie... J'avais tellement peur qu'il me quitte que je l'ai écrit au prince Ibn Séoud : pour l'informer que sa fille était tombée dans les filets d'un chasseur de dot. Un aventurier sans scrupules, qui la déshonorerait, la mettrait enceinte, toutes ces accusations qui font habituellement frémir l'honneur des pères fortunés.

Je l'ai tué, Betsy, je l'ai tué.

JAMES : Miss Duvall... Je ne sais pas si cela vous console, mais je peux vous préciser que Monsieur de la Rosière d'Husson s'était introduit dans les appartements de la princesse pour la délester de ses bijoux. Il a été abattu alors qu'il s'apprêtait à prendre la fuite avec son butin. La Princesse n'était pas dans ses appartements, éloignée par un faux rendez-vous que Amaury lui avait donné...

BETSY : (à Arlette, doucement) C'était pour toi qu'il volait, Arlette. Tu vois bien qu'il m'arrive de me tromper...

ARLETTE : Il m'aimait. Pauvre gosse imprudent et si beau... si beau... Comment trouverais-je le sommeil, sans lui ?

BETSY : (au Dr Atlan) Docteur, vous ne pourriez pas donner un somnifère à Arlette ? Autrement, elle sombrera dans la métaphysique. Et elle ne sait vraiment pas nager dans ces eaux- là !

DRATLAN :Non !BETSY : Pourquoi ?DR ATLAN : Parce que je m'en fous. Voilà !

BETSY : Cela, je m'en doute bien. Mais, il vaudrait mieux qu'elle ait un calmant plutôt que de se suicider... dans votre établissement. Vous ne pouvez pas vous permettre deux morts par nuit au royaume de la jeunesse éternelle !...

DR ATLAN : Vous êtes mal informée, Betsy ! C'est rare ! Il y a

déjà eu deux morts. Maureen King, à peine sortie d'ici, a

couru s'enfermer dans sa chambre. J'ai essayé de la raisonner. Rien à faire ! Pour éviter qu'elle ne fasse des bêtises, j'ai appelé deux infirmiers qui ont défoncé la porte. Au moment où nous sommes entrés, elle s'est jetée par la fenêtre. Quatrième étage, vous imaginez...

—

ARLETTE : Maureen, c'est aussi de ma faute. (songeuse) Est-ce que je suis, sans le savoir, l'Ange de la Mort ?

DR ATLAN : Voilà, ma chère Betsy, comme vous l'avait prédit : c'était une nuit meurtrière.

BETSY : Étrange. Je dirais que ce n'est pas encore ça. J'ai ressenti, l'angoisse, le danger, le danger de perdre quelqu'un de proche, de vraiment bien. Pardonnez-moi, Arlette, pour votre pauvre Amaury. Je le sous-estimais certainement... Quelqu'un de vraiment bien... Alma, Arlette, James, jurez-moi de bien prendre soin de vous-même cette nuit, jurez-le moi !

JAMES : Je ferai de mon mieux, Madame. L'attachement de Madame me flatte et m'honore.

DR ATLAN : (se levant de mauvaise humeur) Allons-y, Miss Duvall. Je vais vous aider à dormir un peu. Vous en avez bien besoin et je veux faire plaisir à Betsy. Je ne crains pourtant rien pour vous : vous n'êtes vraiment pas une nature suicidaire. Et vous avez un autre recours : le souvenir. Tant qu'on a un amour, même en souvenir, on ne se suicide pas. C'est ce qui manquait à cette malheureuse Maureen King.

ARLETTE : (embrasse Betsy) Bonne nuit, ma vieille belle. Je suis heureuse... curieusement soulagée. Je suis un monstre. Je n'ai plus peur et, cela va te faire plaisir, Betsy, je suis sûre que je ne payerai plus jamais un garçon. Qu'il n'y aura plus jamais d'homme dans mon lit. Pour la première fois, je suis vraiment veuve. Bonne nuit... (elle sort)

DR ATLAN : À tout de suite, Betsy !

BETSY : Vous allez bien, James? Pas mal au cœur ? Pas mal à la tête ? À l'estomac ? (James nie chaque fois d'un geste énergique) Ciel ! Comment n'y ai-je pas pensé plus tôt ? Pam, ma petite Pam ! James, courez, volez téléphoner à Pam ! Mettez-la en garde contre cette nuit. Assurez-vous qu'elle va bien. Et si elle vous semble, comme d'habitude, réfractaire à ce qui vient de moi, présentez le tout comme une idée de vous...

JAMES : Si Madame me le permet, elle est trop indulgente avec sa fille.

BETSY : C'est une question de vie ou de mort, James. Tu sais bien que mes jambes ne me portent que quelques instants, pour faire illusion. Cours téléphoner à ma place. Nous parlerons de l'indulgence après, je te le promets. Mais, tu es d'accord : on ne peut être ni sévère ni indulgent avec un enfant mort.

JAMES : Je ferai de mon mieux, Madame.

BETSY : (restée seule ; regarde à droite et à gauche) Cette fraîcheur, je n'aime pas cette fraîcheur qui vous pénètre tout entier. Le jour, on est écrasé par la canicule ; la nuit, glacé par cette fraîcheur inattendue... Et ce pressentiment, si fort, si clair. (mains jointes, comme pour la prière) Pam, ma merveilleuse petite Pam, fais attention à toi ! Tu es la plus belle personne que j'ai vue de ma vie. Une peau de pêche, des boucles noires, presque bleues et une petite bouche rouge comme un pétale de rose. Quand tu t'endormais, la tête sur mon épaule, tu étais si tendre ! Jamais

personne n'a été, ni avant ni depuis, aussi doux... avec moi. Depuis, tu as bien changé, c'est le destin des enfants, mais moi, jamais je n'oublierai ta tête bouclée sur mon épaule. Les joies que tu m'as données : j'étais capable de mettre au monde un ange, un vrai ange, bien vivant, potelé, qui riait aux éclats... (s'essouffle, mais poursuit) Ici, il fait beau jour et nuit : les palmiers brillent, l'océan repose de toute peine, le sable est presque argenté et on dîne dans de splendides patios blancs au milieu de quelques fontaines qui chantent. Viens, ma belle petite Pam, viens pour faire une dernière promenade avec ta mère qui t'aime et avec James... Pam, James et moi, nous sommes... (elle tousse) Écrivez James : Un dernier conte de fées, un vrai... James, oh mon James, le seul homme qui... (Betsy meurt comme si elle s'endormait).

DR ATLAN : (l'éclairage devient celui de l'aube) (entre, éreintée) Voilà, c'est fait, Betsy. Votre chère Arlette dort à poings fermés, une photo de son Amaury sous l'oreiller. Tout le monde dort, sauf vous et moi. Nous, nous travaillons... Oh, on ne s'en aperçoit pas tout de suite, mais nous travaillons à ce que les autres vivent. Enfin, c'est trop compliqué tout ça !

Je suis trop fatiguée pour penser... Et avec tous ces morts ! Je veux bien qu'on vienne en Floride pour y finir sa vie, mais il faudrait planifier un peu tout de même ! Pas tous le même jour ! Notez qu'en même temps, une cérémonie pour tout le monde sera beaucoup plus vite oubliée que plusieurs petits convois... (James entre sans faire de bruit, regarde Betsy, va vers elle, touche son bras, regarde ses yeux ; découvrant qu'elle est morte, il s'agenouille devant elle). Peut-être que cette hécatombe passera inaperçue. La Princesse Ibn Séoud s'en ira, c'est certain. Tant pis : je ne la supportais plus... En tout cas, quand tout ce cirque sera fini, je m'offrirai une robe, une belle, bien chère, noire, c'est promis...

JAMES : (douleur retenue, un cri étouffé) Pam va bien...

DR ATLAN : (tressaille) Vous étiez là, James ? Je ne m'en étais pas aperçue.

JAMES : Madame, elle n'est plus là, et vous ne vous en êtes pas aperçue non plus.

DR ATLAN : (en deux pas, elle est à côté de Betsy, elle ne peut que constater la mort) Mais, il y a deux minutes...Comment ?... L'a-t-elle fait exprès... ou cela a été si soudain... ?

JAMES : Elle n'a pas souffert, n'est-ce pas ? Et dire qu'aujourd'hui même, j'ai débité le même genre de sottises à Miss Duvall. (avec espoir) Vous étiez là. Elle n'a pas prononcé mon nom avant de mourir...?

DR ATLAN : Elle n'a rien dit, James... rien.

JAMES : (voix étranglée d'émotion) J'ai passé avec elle une nuit. Une seule. Pour toute une vie. Une nuit inoubliable, divine... Elle avait cinquante ans, j'en avais trente ; j'étais beau, instruit, courageux. J'aurais pu faire mille choses : des affaires aux arts. Mais je suis resté auprès d'elle : valet, maître d'hôtel, secrétaire particulier, infirmier...

Pour cette nuit qui ne s'est jamais répétée. Et je m'estime gagnant. Pam pourrait avoir été conçue cette nuit là... ou une autre. J'ai souvent pensé que c'est au bénéfice de ce doute que Madame me gardait auprès d'elle... (immense soulagement) Voilà, c'est dit. Pour la première et la dernière fois. Je ne voulais pas enfermer ce secret dans ma tombe : il est si beau ! Cette nuit mérite de survivre. (il reste agenouillé à côté de Betsy) Regardez, c'est déjà l'aube !

DR ATLAN : (à genoux, de l'autre côté de Betsy, se mettant à crier soudainement) Mais, qu'avez-vous à vous aimer tous, sans arrêt ? Les jeunes, les vieux, les femmes, les hommes, mais il n'y a tout de même pas que ça dans la vie ! Dans la vie, il y a aussi, il y a aussi... (voyant le sourire béat de James qui la contemple ironiquement, abandonne)... je ne sais pas, moi, je n'en sais rien, au fond !

RIDEAU
———

www.ingramcontent.com/pod-product-compliance
Lightning Source LLC
Chambersburg PA
CBHW061508040426
42450CB00008B/1526